KB112015

잘 놀 줄 아는 사람의
행복한 은퇴 전략

잘 놀 줄 아는 사람의 행복한 은퇴 전략

1판 1쇄 찍은 날: 2016년 9월 27일
1판 1쇄 펴낸 날: 2016년 10월 4일

지은이   윤춘식
펴낸이   윤석일
펴낸곳   위드원
편집자   서정현

출판등록   2015년 4월 29일 제2015-21호
주소   서울시 중구 창경궁로40-6 302호
전화   02-558-8060
전자우편   one_ceo@naver.com

ISBN   979-11-958470-1-3 03190 (종이책)
           979-11-958470-2-0 05190 (전자책)

잘·놀·줄·아·는·사·람·의

행복한

은퇴 전략

윤춘식 지음

도 서 출 판

위드윈
WITH WIN

프롤로그

요즘을 100세 시대라고들 한다. 삶이 예전보다 훨씬 늘어난 것이다. 축복받을 일이지만, 정작 우리의 생활은 과거에 비해 그다지 나아진 게 없는 듯하다. 나이를 먹었다는 이유로 어느 순간 당연하게도 직장에서 물러나야 하고 막상 세상에 나와도 막막하기만 하다.

더욱이 숨 가쁘게 살아오다 갑자기 많은 시간이 주어지니 오히려 삶이 도태되는 느낌까지 드는 경우도 있다. 『개코원숭이의 사막 건너기』에서 김봉학 저자는 은퇴를 이렇게 표현하고 있다.

누구나 자신이 낯설 때가 한 번쯤은 있다. 익숙했던 자신이 어느 날 갑자기 타인처럼 여겨진다든지, 혹은 내 자신 속 어딘가에 숨어있던, 지금까지 한 번도 만나 본 적이 없는 새로운 모습과 문득 마주치게 될 때 대부분의 사람들은 두려움과 공포를 느끼게 된다.

그러나 가장 큰 공포는 낯선 것을 만나는 것이 아니라 익숙한 것에 더 이상 머물기 어렵다는 것을 알게 될 때이다. 오랜 시간 동안 아주 서서히 녹아들었던 일상이 갑작스레 파괴되거나 사라지게 된다면, 혹은 내가 이제까지 누려왔던 생활이 알고 보니 벼랑 끝이었다는 것을, 타인에 의해 억지로 깨닫게 된다면 그 파장은 나이가 들어갈수록 더욱 크고 거대할 것이다.

하지만 뒤집어서 이야기를 한다면 익숙한 것에서 떠날 때, 비로소 지금과는 다른 새로운 가능성을 발견하게 된다. 이미 우리 내부에 내재되어 있었던 수많은 잠재력들을 다시 꺼내 쓸 수 있는 기회인 것이다. 그러므로 새로운 가능성은 그 사람을 활기차게 하고 생명력을 부여해 주며 심장 박동이 뛰게 만든다. 현자들은 이것을 '변화'와 '모험'이라고도 하며 또 다른 말로는 '적응'이라고 한다.

은퇴는 익숙한 우리의 사회적 삶을 갑자기 단절시키는 행위이다. 익숙한 곳이 낯선 곳으로 변한다는 것은 정말 참기 힘든 막막함을 선사하며, 삶의 의지를 꺾는 일 중의 하나이다. 하지만 익숙한 것을 떠날 때 비로소 변화가 시작되기도 한다.

나는 은퇴 10년 전부터 은퇴 후 인생을 설계해 왔다. 그리고 1인 기업을 만들어 웃음치료사로서 활발히 활동하고 있다. 나는 종종 나의 진짜 인생은 은퇴 후부터라고 말한다. 왜냐하면 지금 내가 하고 있는 것이 '일'이 아닌 '놀이', 그것도 내 삶을 풍족하고 여유롭게 만드는 '놀이'라고 생각하기 때문이다.

그 놀이는 나로 하여금 즐거움과 더불어 삶에 대한 깊은 충족감을 주고, 또 여유를 선사하며, 보람까지 안겨준다. 이처럼 멋진 삶이 어디 있겠는가. 혹자는 '당신이 특별하기 때문인가?' 묻는다. 아니다. 그저 난 준비를 했을 뿐이다. 내가 좋아하는 것, 잘하는 것이 무엇인지를 찾았고 그것을 공부하고 배우며, 은퇴 후의 삶을 준비했던 것이다.

이제부터 내가 하는 말은 엄청난 삶의 지혜도, 은퇴 후 무조건 성공하는 필승 전략도 아니다. 다만, 당신의 은퇴 후의 삶에 대한 안내와 그 속에서 활기찬 삶을 꾸리는 방법들은 슬쩍 알려줄 뿐이다. 어렵지도, 복잡하지도 않다. 큰 성공이 목표라면 이 책은 도움이 되지 않을 수도 있다.

하지만 행복하고 즐거운 인생 2막을 생각하고 있다면 아마도 도움이 될 듯하다. 이 책은 은퇴 후의 삶에 대한 공포를 강조하면서 무언가를 하라고 지시하는 책이 아니다. 어떻게 하면 우리가 은퇴라는 단어를 딛고 행복해질 수 있는지를 말해주는 책이다. 정확히는 재밌게 노는 방법을 알려주는 책이다.

이제 지금부터 당신과 함께, 어떤 놀이가 있는지 알아보도록 하겠다.

강의장으로 가는 설렘을 앞두고,

윤춘식

CONTENTS

1

은퇴,
자금준비가
전부일까

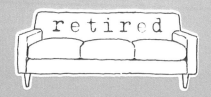

100세 시대 희극일까, 비극일까

　『명심보감』에는 '세불아연(歲不我延)'이란 말이 나온다. 풀어보면 '세월은 나를 기다려주지 않는다'란 뜻이다. 시간의 소중함과 때의 중요성을 강조하는 말이다. 정말 그렇다. 뒤돌아보면 시간은 정말 빨리 지나갔다. 앞으로도 시간은 더 빨리 지나갈 것이다. 단, 뒤돌아볼 때만 말이다. 우리는 촌음을 아끼며 살아야 한다. 하지만 촌음이 길어진다면 이야기는 다르다. 100세 시대를 살아가는데 50세에 은퇴하면 앞으로 무엇을 하며 세월을 보내야 할지 고민이 크다.

인정하든 인정하지 않든 우리가 사는 시대는 이제 100세 시대이다. 아니 이미 몇 년 전부터 대한민국은 고령화 사회에서 초고령화 사회로 달려가고 있고, 이제 은퇴 후의 삶에 대한 이야기가 결코 일부의 이야기가 아니게 됐다. 우리 모두는 어느 시점에서 표준적인(적정 나이의 노동 활동) 사회를 나와야 하며, 그럼에도 불구하고 그 표준의 사회에 속해서 살아가야 한다.

매일 일하던 우리는 갑자기 나의 의지가 아닌 사회의 의지로 자리를 내놓아야 하고 그리 행복하지 않은데도 행복한 얼굴로 집으로 터덜터덜 걸어가게 되는 것이다. 그런 우리의 뒷모습을 보는 사람들은 동화에나 나오는 "그 후로도 오랫동안 행복했습니다."라는 말을 떠올리겠지만 그렇지 않다는 것을 우리 모두 알고 있다.

은퇴를 하고 난 다음 날도 아침은 똑같이 밝아오고 어제의 문제는 오늘로 이어진다. 생존은 점점 더 불투명해지고 휴식이 아니라 또 다른 일거리를 찾아 거리를 헤매는 경우도 있다. 이쯤에서 결론을 내리면 은퇴는 대부분 직장인과 일할 수 있는 사람에게 사회적 금치산자 선고를 내리는 것과 같다고 할 수 있다. 왜냐하면 우리는 아직 쉴 나이가 아니기 때문이다. 나 역시 이런 경험을 할 뻔했다.

나는 제법 괜찮은 직장 몇 군데서 일을 했고 마지막 직장은 상당히 오랜 세월 헌신했다. 그리고 박수를 받으며 뒤돌아 나오던 날, 그 형용치 못할 몇 가지의 감정들이 묵직하게 가슴에 걸린 것을 느꼈다. 이제 와 말하건대, 분명 나는 다음 날부터 할 일이 있었음에도 회사를 나올 때의 감정은 낯선 땅에 내던져진 느낌이었다. 갑자기 알몸이 된 기분도 느꼈다. 이 느낌은 자의든, 타의든 직장을 나와야 하는 모든 사람이 느껴야 하는 '그 무엇'일 것이다.

오래 사는 것은 이제 당연한 일이 됐다. 우리의 화두는 사는 것이 아니라 어떻게 살아야 하는지로 바뀐 지도 좀 됐다. 나는 현재 노인 복지관 등에서 웃음치료 강의를 하고 있다. 거기서 종종 깜짝 놀랄만한 사람들을 만나기도 한다. 보기에는 70대인데, 나이는 90살이 넘은 사람들이다. 이들은 자기관리를 튼실하게 하는 부류이다.

그런 사람들은 인생에 대해 보다 적극적인 의지가 있다. 흔히들 장년층이 입에 달고 사는 "오래 살면 뭐해?" 같은 자조가 아예 없다. 그들의 삶은 하루가 즐겁고 해야 할 일이 가득하다. 그것은 돈으로 살 수 있는 것이 아니다. 오히려 돈이 있어도 더 늙어 보이는 장년층도 많다. 그 사람들은 자기관리의 가치를 아는 사람들이다. 관리를 통해 행복감을 느끼는 존재인 것이다.

생각해보자. 장년층은 이제 더 이상 젊은이들처럼 돈에 목매지 않아도 된다. 고급 차도, 넓은 집도, 그리고 명품 옷도 중요하지 않다. 젊었을 때 벌이보다 다소 부족해도 충분히 삶을 즐기고 영위할 수 있다. 욕심을 조금만 버린다면 할 수 있는 일들은 생각보다 많다.

나는 요즘 바쁘다. 강의 시즌을 타긴 하지만 스케줄 표를 보면 강의가 꽉 차 있다. 그런데 정말 아이러니한 것은 지금 내가 강의하는 것은 몸담았던 전 직장과는 아무 상관이 없다는 사실이다. 내가 누군가에게 강의하리라는 것을 10년 전에는 나도 몰랐다. 더 우스운 것은 10년 전보다 지금의 내가 더 행복하다는 것이다. 그것은 돈의 문제가 아니다. 내가 지금 하고 있는 일은 나를 더 성숙하게 만들고 열정적이게 하며 미래를 생각하게 한다.

"장년층에게 미래라니요?"

이처럼 안 어울리는 말이 있을까 싶은 사람도 있겠지만 말이다. 아니다. 우리는 하늘이 부를 때까지 항상 내일을 보고 살아야 한다. 나는 요즘 사람들과의 대화에서 많은 것을 느낀다. 종종 어린 학생들을 가르칠 때가 있는데 나는 그들의 눈을 보고 말을 들으며, 그들의 생각에 맞춘다. 그러다 보면 그들과 대화를 하게 된다.

이 얼마나 멋진 일인가. 직장에서 상사로서 부하직원들에게 업무를 내리고 또 그것을 평가하기 바빴던 내가 아들뻘 되는 학생들과 이야기를 할 수 있다는 것은 정말 멋진 일이다. 나도 내 자신이 이렇게 될 줄 몰랐다. 정확히는 은퇴 후의 삶이 마치 다시 태어난 것 같은 느낌으로 다가오게 될 줄 어떻게 알았을까.

은퇴 후에서야 비로소 내 삶은 온전해지고 내가 원하는 것을 하고 있다는 느낌을 받았다. 그리고 세상과 소통하는 방법을 비로소 알게 된 듯하다. 나의 시간들은 더욱 그윽해지고 성숙해지며 또한 침묵과 대화의 경계를 깨닫게 만든다. 그것은 평생을 다투고 부딪혀오고 전투 속에서 상처 입은 나날들에 대한 보상과 같다.

어쩌면 이것이 내가 꿈꿔온 은퇴 후의 삶이 아닌가 할 정도이다. 그렇다면 내가 제2의 삶을 살게 한 원동력은 무엇일까. 그것은 바로 일하는 것이다. 그러나 그냥 일이 아니다. 내가 하고 싶은 일이고 내가 노력해서 이뤄야만 하는 일이다.

은퇴 후 지역신문사에서 이름을 날리고 있는 칼럼니스트가 있다. 8곳에 칼럼을 쓰고 있다. 주제는 8개 모두 다르다. 시시콜콜한 칼럼부터 꽤 전문적인 칼럼도 있다. 칼럼을 모아 출판까지 했다. 칼럼 원고료는 높지 않다. 하지만 8개 주제로 칼럼을 쓰려고 하니 바쁘다. 오전에는 글을 쓰고 오후에는 도서관에서 자료를 모은다. 그가 처음부터 칼럼니스트를 꿈꾼 것은 아니다. 돈이 들지 않으면서 지적 활동으로 2막을 열 수 있는 아이템으로 글쓰기를 선택한 것이다. 처음에는 신문사 인맥이 있지도 않았다. 신문사의 이메일을 보고 자기소개를 하고, 칼럼 주제를 선택하고 계획서를 보내 먼저 제안한 것이다. 그는 은퇴 후 스스로 일거리를 찾았다.

어쩌면 은퇴 후에 남은 삶이 우리가 사회에 몸담았던 삶과 엇비슷하거나 때로는 더 길 수도 있다. 첫 번째의 삶은 내가 원하든, 원하지 않았든 치열하게 살았다면 두 번째 주어진 삶은 내가 원하는 것을 고를 권리가 우리에겐 있지 않겠는가. 나는 그것을 찾았다. 그리고 우리 모두도 찾을 수 있다.

다만, 그렇게 하기 위해선 필수적인 게 있다. 바로 준비하는 시간이다. 나의 경우 은퇴하는 다음 날 바로 일할 수 있도록 10년 전부터 준비했다. 회사는 오랫동안 다녔기 때문에 더 이상 조직에 몸담고 싶지 않았다. 그래서 내가 찾은 것이 바로 1인 기업이다. 유사한 말로는 프리랜서가 있지만 조금 차원이 다르다. 나는 스스로 일거리를 찾아 움직이는 1인 기업이 100세 시대 대안이라고 생각한다. 그것도 제대로 놀 줄 아는 1인 기업 말이다.

우리의 삶이 영원불멸하지 않다는 것은 모두 잘 알고 있다. 하지만 그 삶이 생각보다 일찍 끝나지 않는다는 것도 통계적으로 익히 알고 있을 것이다. 지나간 삶을 부여잡고만 있으면 결국 그렇게 사라지고 만다. 인생 페이지가 한참 남았지만, 이미 쓴 앞부분만을 반복해 읽을 뿐, 고치거나 어떤 결론을 내지 못하는 것과 다름없다.

은퇴는 우리의 뒤 페이지를 쓰는 작업이다. 어떤 작품도 앞보다는 뒤가 더 중요하다. 그래서 나는 나의 뒤 페이지의 첫 제목을 '평범한 은퇴자의 제대로 노는 법'이라고 적었다. 100세 시대, 당신에겐 비극인가, 희극인가? 지금의 나에겐 희극이다.

대한민국 남자들이 가장 잘하는 건, 일

어느 외국인이 남산타워에 올랐다. 멋진 야경에 취해 사진을 찍어댔다. 그리고 같이 온 한국 친구에게 물었다. "한국은 왜 이렇게 야경이 멋있어?" 그러자 한국 친구는 씁쓸한 표정을 지으며 "야근 때문이야"라고 답한다. 직장인의 현실을 꼬집는 웃픈(웃기고 슬픈) 이야기다.

대한민국 근로시간은 OECD 국가 중 멕시코와 1~2위를 다투고 있다. 반대로 생산성은 하위권에 머문다. 근로시간은 많지만, 생산성이 떨어진다는 것은 일에 집중하지 않는다는 뜻이기도 하다. 유교문화와 정(情)문화 등 복합적 요인이 겹쳐, 일 잘하는 사람은 실력 아닌 인간관계 형성에 집중하는 바람에 근무시간이 길다고 전문가들은 지적한다. 생산성은 높지 않지만 대한민국 남자들이 가장 잘하는 것은 일이라고들 한다. 적어도 잘리지 않고 있고, 업무 외적인 부분도 소홀함 없이 챙기는 모든 일상에서 완벽한 모습이다.

나이 들어서 뒤돌아보면 인생이 좀 불쌍하다고 여겨질 때가 있다. 인생뿐만 아니라 대한민국 남자들 대부분이 그렇다. 월급만 바라보고 한 달 내내 쉼 없이 달리면서도, 돈이 나가는 것만 생각한다. 퇴직금이 있다 하더라도 불안하고 그 금액을 생각하면 가슴이 답답해진다. 평생을 쉬지 않고 달려왔지만, 정작 휴식의 날이 다가올수록 불안이 앞선다.

더욱이 남자, 가장으로 산다는 것은 결코 쉽지 않은 일이다. 능력 있는 부하직원이거나 좋은 상사는 물론이고 좋은 아빠, 좋은 남편이어야 한다. 그럼에도 매사 우리는 비교당하고 평가받으며 엄혹한 결과에 수긍하며 살아간다. 하지만 은퇴하고 나니 문득 이런 생각이 들었다.

'왜 그렇게 살아야 했지?'

나도 내 가족도 모두 다 쫓기는 사람처럼 쳇바퀴 돌 듯 왜 그렇게 살아야만 했을까? 사회생활을 하고 가족이 생기면서 마치 우리는 어떤 숙명을 지닌 것처럼 달려야만 했다. 물론 그것이 나쁘다는 것은 아니다. 하지만 내가 무언가에 도전할 용기가 없다면 그것은 내가 항상 엇비슷한 삶만 살아왔기 때문이다.

내가 재직했던 회사에는 사원아파트가 있었다. 그러나 나는 한 번도 살아 본 적이 없다. 아내의 반대를 무릅쓰고라도 밖으로 나와 살았다. 사원아파트는 쉽게 입주하고 가격도 적당하며 직장과도 가깝다. 당연히 나의 일상은 집과 직장 두 군데로 귀결될 것이다. 난 그것이 싫었다.

그것은 안정을 빙자한 스스로에 대한 가둠이라고 생각했다. 다른 세상을 경험하고 있는 친구들과 어울릴 수 있는 시간, 무언가를 고민할 수 있는 공간, 그것이 내 인생을 지탱할 수 있는 힘이라고 생각했고 또 아내 역시 그런 것이 필요하다고 생각했다. 가정을 힘들게 하지 않는다면, 약간은 아내에게 미움받을 각오를 하는 것도 나쁘지 않다. 때로는 나라는 인간이 집과 직장을 오고 가는 존재 이상의 가치가 있다는 것을 스스로에게 알려줄 필요가 있는 것이다.

주역학자로 유명한 김승호 작가의 책에는 '직장과 가정의 관계'가 나온다. 가정과 회사밖에 모르는 남자가 성공할 수 있는 유일한 곳은 직장뿐이다. 회사의 중요한 정보가 흐르는 회식자리까지 가정의 평화를 위해 가지 않는다면 남자의 성공 가능성은 제로에 가깝다고 설명한다. 즉, 조금은 희생이 있더라도 투자할 곳은 투자해야 한다는 것이다. 경제적으로는 힘들었지만 사원아파트에 입주하지 않은 것은 행운으로 생각한다. 한 번쯤 재미있는 일을 해야겠다는 작은 정보, 작은 팁을 얻을 수 있는 원인을 제공했기 때문이다.

도전은 안 하는 게 아니다. 못하는 것이다. 뒷동산도 올라가 보지 않은 사람은 더 큰 산을 보며 "하면 할 수 있는데, 안 하는 것뿐"이라고 말하기 십상이다. 반면 작은 산이라도 자주 올라가 본 사람은 큰 산을 보며 두려워하고 거기서 겪을 고통을 예측하지만, 결국 거기를 향할 확률이 높다.

무언가를 자주 건드려 봐야 내가 하고 싶은 일도 찾을 수 있다. 은퇴 후 당신의 삶은 온전히 당신의 것이다. 결정도 방향도 모두 스스로 내려야 하며 책임도 스스로 안아야 한다. 젊을 때와 달리 그 책임의 무게는 무겁다. 왜 이런 엄청난 무게의 책임을 질 인생 후반기에 대해 우리는 준비하지 않을까? 학생 때처럼 이것저것을 조금씩 경험해가며 나에게 맞는 것을 찾는 노력을 하지 않을까?

매일 쉬지 않고 일한다고 해서 삶이 후일 보상받는 것은 아니다. "알지만 어쩔 수 없잖아!"라고 말한다면, 왜 어쩔 수 없는지 자신에게 완선 납득시켜야 한다. 정말 어쩔 수 없는지… 내 인생 2막을 위해 노력하는 것보다 더 중요한 것이 무엇인지, 그리고 그것을 알면서 못하고 있는 건지, 모르니까 멈춰있는 것인지도 말이다.

발표하는 작품마다 베스트셀러를 기록했던 작가인 존 그리샴은 1955년생으로 전 세계 출판계의 흥행 보증수표로서 출판산업에 막강한 영향력을 미치는 초대형 작가이다. 어린 시절, 건축업에 종사하는 아버지를 따라 여러 곳을 옮겨 다니며 살아야 했던 그는, 10대 초반 미시시피의 작은 도시에 정착하게 되고 그곳에서 야구 선수의 꿈을 키웠지만, 결국 회계학과 법학 전공으로 미시시피 대학을 졸업한다. 그리고 사우스 헤븐에서 변호사로 일하게 된다.

전 세계적으로 아주 일부를 제외한다면 변호사는 기득권층에 속한다. 더욱이 존 그리샴은 10년간 변호사 생활과 더불어 28세이던 1983년에 테네시 주 하원의원에 당선된 경험도 있었다. 권력과 돈을 다 가져 본 것이다. 그러던 그가 1984년, 운명적인 사건을 만나게 된다. 바로 10대 소녀 강간 폭행 사건이었다. 그 사건을 면밀히 분석하고 연구한 그는 '만약 소녀의 아버지가 가해자를 살해한다면, 어떤 일이 발생할까?' 하는 엉뚱한 상상을 하게 된다. 그 생각이 점점 커지자 존 그리샴은 매일 책상머리에서, '소녀의 아버지가 가해자를 살해하는 개연성'을 글로 옮겨 나간다. 물론 그는 과거 대학을 다니는 동안 두 편의 소설을 쓰기도 했으나 출간되지는 못했었다. 하지만 소설에 대한 열망은 계속 간직하고 있었던 것이다. 그리고 그때 완성되고 견고한 자신의 삶에서 일탈을 시작한다.

존 그리샴은 낮에는 변호사로, 퇴근 후에는 세 시간씩 상상력을 발휘해서 글을 쓰는 예비 소설가가 되어 갔다. 그렇게 3년 동안 똑같은 내용을 수도 없이 썼다 지우기를 반복, 마침내 첫 작품인 『타임 투 킬』을 완성했다. 하지만 그 원고는 출판사들로부터 28번의 퇴짜를 당하며 바로 출판 못 한다. 결국 『타임 투 킬』은 1989년에 무명의 군소 출판사에서 출판됐다.

실망하지 않은 그는 두 번째 작품 『그래서 그들은 바다로 갔다』를 쓴다. 그즈음 존 그리샴은 남은 인생의 주객을 완전히 바꿔 나갔다. 주로 글을 썼고, 최소한의 생계를 유지하기 위한 변호 업무만 하게 된 것이다. 두 번째 작품은 출판되자마자 《뉴욕타임스》 베스트셀러에 올라 47주간 머물렀고, 1991년 미국 베스트셀러 1위 작품으로 선정됐다.

이후 존 그리샴은 작가 활동을 위해 변호사 업무를 접었다. 2012년 기준으로, 26권의 장편소설을 출간했고, 전 세계적으로 2억 7천 5백만 권 이상의 책을 팔았다. 그중 여섯 편은 영화로 만들어지기도 했다. 현재 그의 책은 29개의 언어로 번역되어 전 세계적으로 6천만 부 이상이 판매되었다.

자기가 좋아하는 일을 가지고 새로운 인생을 시작한다는 것, 그것은 처음에는 도전이라는 길고 긴 터널을 지나야 한다. 그런데 우리 대부분은 터널은 고사하고 그 터널이 어디에 있는지조차 모른 채 인생 후반기를 맞이하게 된다. 정말 궁금하다. 왜 그래야 할까.

모두 같은 은퇴 준비, 당신은?

가끔 표준화된 은퇴 준비법이 있다면 좋겠다고 생각될 때가 있다. 바로 "은퇴를 어떻게 준비해야 하느냐?"라는 질문을 받을 때다. 천차만별 인생에서 은퇴 준비도 천차만별이니 답이 없다. 이 질문에 굳이 답을 찾는다면 "가치기준에 따라 정하라!"고 말할 수 있다. 다소 어렵게 들리겠지만 생각보다 쉽게 결론을 내릴 수 있다.

가치기준에 따라 우선순위를 '꿈꿨던 일, 즐거워하는 일, 잘하는 일'이라는 세 가지 범주에 들게 하면 된다. 그 외의 선택지는 일단 접어둔다. 예를 들어 기계 만지는 사람이라고 한다면, 이것이 꿈꿨던 일도 아니고 즐거워하는 일도 아니지만 잘하는 일에 속한다. 스스로 한 분야의 정점이 됐다고 판단되면 그것과 관련된 책을 한번 써보는 것도 은퇴 후 할 수 있는 일이다.

나는 전 직장이 물류 분야 업무였다. 영업도 했었다. 이 계통은 은퇴하고 사실상 할 게 거의 없다. 기술이 아니기 때문이다. 그렇기에 가치기준에 따지면 잘하는 일에서는 제외되기 마련이다. 하지만 대신 즐거워하는 일을 찾았다. 그것이 지금 후반기 인생을 이끌어가는 동기가 되었다. 이 일을 찾게 된 것은 '작은 일탈'에서부터였다. 바람직한 일탈이라고 할 수 있다.

10여 년 전, 회사를 다니면서 반복되는 일상에서 벗어나고자 환경단체 봉사활동을 시작했다. 그 환경단체는 종종 1박 2일 투어를 하곤 했는데 거기서 돌아가면서 스피치를 하는 경우가 있었다. 그런데 그 자리에서 나도 몰랐던 사람들을 웃기는 능력이 나에게 있다는 것을 발견하게 되었다.

단체 사람들은 내가 스피치를 할 때마다 즐거워했고 끝내 나에게 사회를 보라고 권했다. 생각보다 사회자라는 위치는 잘 맞았다. 사람들이 내 이야기나 행동에 웃고 박수를 치고 공감하는 모습에 뭔가 짜릿했다. 그때야 나는 '아, 내가 말을 하는 재주, 사람들을 즐겁게 하는 끼가 있구나'라는 사실을 깨닫게 되었다.

그래서 내 끼와 능력을 살릴 수 있는 것을 찾았고 그것이 바로

'웃음치료사'였다. 처음엔 결코 쉽지 않았다. 내가 있던 울산지역에는 웃음치료사라는 것이 생소했을 때다. 교육을 받으려면 서울로 올라가야만 했을 정도다. 그 과정은 지금 돌아봐도 나로서는 매우 이례적인 일이다.

아내의 반대, 주변의 참견, 시간의 부족함, 육체적 피로, 금전적인 문제에 이르기까지 모든 것이 부정적이었고 힘들었다. 하지만 그럼에도 불구하고 내 열정을 물러나게 할 수 없었다. 왜냐하면 이것은 내가 즐거워하는 일이었기 때문이다. 내가 즐거워하고 내 숨겨진 능력을 끌어내는 일, 이것을 위해서라면 힘든 것은 문제 되지 않았다.

마치 그때 내 자신이 청춘과 다를 바 없었다. 배우고 싶었고 익히고 싶었으며 그것을 다시 남에게 보여주고픈 충동은 내 안의 열정에 불을 붙였다. 그 열정은 기존 나와 새로운 나와의 경계를 그었다. 그 선을 넘어 버린 순간, 나는 더 이상 과거의 나로 머물 수가 없었다.

삶이란 그런 순간이 있다. 나를 내가 아닌 또 다른 나로 만드는 순간, 새로운 가치기준이 탄생하는 순간이기도 하다. 하지만 그것을 위해 익숙함을 탈피하는 용기가 필요하다. 그리고 익숙함을 탈피하기 위해서는 이때까지 반복했던 삶에서 살짝 비켜 나올 필요가 있다.

창업컨설턴트로 활동하는 M소장이 있다. 박근혜 정부 들어와 창업이 강조되면서 전국을 무대로 컨설팅을 하고 있다. 창조경제가 지속된다면 평생 일거리는 걱정 없어 보인다. M소장은 원래 창업컨설팅과는 먼 직장을 다녔다. 그렇다고 창업 경험이 있는 사람도 아니었다. 처음 M소장을 소개받았을 때 나는 의아했다. 창업 경험이 없어도 창업컨설팅을 할 수 있다는 사실에 대해 말이다. 하지만 창업 경험이 있다고 해서 컨설팅을 꼭 잘한다고도 할 수 없다. 창업했던 경험보다 고객을 객관적으로 보는 눈이 중요하다는 설명이다.

M소장은 회계팀에 근무했던 직장인이었다. 정년을 앞둔 5년 전, 자신의 미래에 대해 진지하게 고민했다. 회계업무는 전산화가 이루어졌고 그렇다고 자신을 받아줄 회사도 마땅히 없었다. 자신을 객관적으로 관찰했다. 업무와 관련해 가장 즐거웠던 경험 중 하나가 자영업 하는 친구의 회계를 봐줄 때였다. 은퇴 후 자영업 대상으로 회계 관련 일을 하자니 경험이 단발성이었고 인맥도 부족했다.

신문을 보던 중 창업컨설턴트에 관한 기사가 눈에 띄었다. 과거에는 창업컨설턴트 하면 음식점 같은 일반창업을 컨설팅하는 쪽으로만 생각했지만 정부지원사업을 컨설팅한다는 소식을 새롭게 알게 된다. M소장은 가지고 있던 회계지식과 창업지원을 융합하면 시장이 꽤 괜찮을 것이라는 판단을 했다.

하지만 좋아하는 일을 할 수 있다는 판단은 했지만 중요한 것은 실천이었다. 더욱이 창업 관련 지식을 줄 수 있는 인맥도 없었다. M소장이 믿을 수 있는 것은 기존 시장이었다. 회사에는 경영학과 대학원 다닌다고 알리고 창업학과 대학원을 다니기 시작했다. 대학원에서 제공하는 창업교육, 체험활동, 코칭 참관 등 모든 걸 참석했다. 과거에는 직장이 전부였지만 신세계가 열린 것이다.

그리고 대학원 졸업하기 전 '스타트업'에 관한 이론을 공부한다. 또한 주말, 휴가 시즌이면 창업컨설팅을 저가 또는 무료로 나간다. 미래를 보는 혜안일까. 박근혜 정부 들어 창업 관련 지원과 교육이 폭발적으로 늘어나면서 지금은 컨설턴트로 맹활약 중이다. 전국을 무대로 바쁘게 움직이고 있는 것이다. M소장을 볼 때마다 느끼는 것이 있다. 결국 모두가 은퇴 준비를 하지만 나만의 색깔, 나만의 길을 얼마나 잘 준비하느냐에 따라 결과는 천차만별이라는 사실이다.

박완서 작가 역시 대한민국의 대표 작가라고 볼 수 있다. 1931년생이었던 박 작가는 거의 40세 무렵에야 뒤늦게 작가로 데뷔했다. 문화센터에서 소설 관련 강의를 수강해 본 적도 없고 스승을 모시고 문학수업을 받은 것도 아니었다. 문학과 관련된 이력이라고는 6·25 한국전쟁으로 한 학기 만에 중퇴한 대학 국문학과 신입생 석 달 수업이 전부였다. 그러던 어느 날, 평범한 가정주부였던 박완서는 《여성동아》 장편소설 현상 공모에 『나목』이라는 작품을 응모한다. 『나목』은 6·25 한국전쟁 시절, 미군 부대 PX의 여종업원과 초상화를 그리던 화가와의 사랑 이야기를 소재로 한 작품이다. 『나목』은 단번에 호평을 받으며 당선되었고 박완서의 운명은 하루아침에 뒤바뀐다.

이후 박완서는 2011년 80세의 나이로 타계할 때까지, 한국문학에 경종을 울리는 작품을 쉬지 않고 쏟아낸다. 하지만 그녀는 원래 잡지사의 원고청탁을 받고도, 원고를 직접 전달하지 못해 딸에게 대신 부탁할 정도로 수줍음 많은 아주머니였다. 19세에 서울대학교 국문학과를 한 학기 다니다 6·25 한국전쟁을 맞이한 그녀가 불혹의 나이에 이르기까지 한 일은 아내와 어머니로 산 것뿐이었다.

그럼에도 불구하고 박완서 소설의 전성기는 50대부터 60대 후반이었다. 70대에도 작품 활동은 물론 주요 문학상의 심사위원으로 활동했다. 실제 데뷔 7년이 지난 46세에 『도시의 흉년』과 『휘청거리는 오후』를 동시에 출간했다. 그 사이 중단편을 여러 편 발표하기도 했지만 평단과 독자들에게 주목받은 장편들은 50세 전후에 본격적으로 발표한 것들이다. 47세에 『목마른 계절』, 51세에 『오만과 몽상』을 내놓은 박완서는 59세에 『미망』, 61세에 『그 많던 싱아는 누가 다 먹었을까』를 출간했다. 또 할머니가 된 63세 때, 손자들이 읽을 수 있는 동화집 『부숭이의 땅힘』을 펴내기도 했다. 64세에는 수필집 『한 길 사람 속』, 66세에는 티벳, 네팔 여행기 『모독』을 발표했고, 67세에는 『어른노릇 사람노릇』, 68세에는 묵상집 『님이여, 그 숲을 떠나지 마오』를 출판했다.

중요한 것은 나이 들어 갈수록 박완서의 창작활동의 폭이 넓어졌다는 점이다. 수상경력도 화려하다. 한국문학작가상(1980), 이상문학상(1981), 대한민국 문학상(1990), 현대문학상(1993), 중앙문화대상(1993), 동인문학상(1994), 대산문학상(1997), 황순원문학상(2001), 보관문화훈장(1998), 호암예술상(2006)을 수상했고 서울대학교 명예 문학박사 학위를 받았다. 불과 3개월간의 문학 수업이 전부였던 그녀가 어떻게 이런 작품들을 쓸 수 있었을까? 뛰어난 재능이 있었지만, 그것을 발휘하지 못한 채 속에 숨겨두고 살았기 때문이다. 그런 그녀의 재능을 밖으로 불러낸 것은 다름 아닌 '독서'였다. 그녀는 작가로 데뷔하기 전까지 쉬지 않고 책을 읽었다고 한다. 작가로 데뷔해서도 변함없이 책 읽기를 쉬지 않았다.

노력이 쌓이면 결국 그것은 어떤 형태로든 밖으로 나오기 마련이다. 모두 같은 은퇴 준비를 한다는 말은 틀렸다. 같은 은퇴 준비가 아니라 그들은 준비를 하지 않은 것이다. 그러다 은퇴가 닥치니 무언가를 해보려고 허우적댄다. 지금이라도 늦지 않았다. 고요한 가슴에 돌은 던져보라. 어디가 깊고 얕은지 찾아보라. 그러다 보면 자신을 울리는 소리가 들릴 것이다. 남과 다른 은퇴 준비란 닭 튀기는 것을 배우거나 사업을 위해 돈 모으거나 어떤 소설 메커니즘을 이해하는 게 아니다. 바로 나를 찾는 것이다. 내가 꿈꿨던 것, 또는 즐거워하는 것, 잘하는 것, 이 세 가지 중 한 가지라도 찾아내 그것을 준비하는 것이다. 그것이 바로 남과 다른 은퇴 준비라고 할 수 있다.

노는 방을 모르니 노는 것도 심말다

조선 후기, 민중의 삶을 다룬 대하소설 『장길산』. 소설가 황석영의 작품이다. 작가는 다양한 경험을 해야 한다며 불법으로 북한을 방문하는 등 여러 가지 사연을 가진 소설가로 유명하다. 소설가 황석영이 TV 프로그램인 '황금어장, 무릎 팍 도사'에 출연해 자신을 광대라고 말해 모두를 놀라게 했다. 소설로 사람을 즐겁게 해주니 광대라는 설명이다.

TV를 보고 찰리 채플린의 "1번 웃기기 위해 100번을 연습한다"

라는 명언이 떠올랐다. 소설가 황석영은 소설로 1번을 웃기기 위해 가출, 자살시도, 불법 북한 방문, 감옥살이 등 다양한 슬픔을 맛본 것 같다. 나는 개인적으로 천사가 있다면 개그맨이 아닐까 생각한다. 팍팍해진 세상에 웃음을 찾아볼 수 없는데 우리를 웃기기 위해 100번 연습하고 머리를 쥐어짜는 개그맨이야말로 천사라는 생각이다. 전문 개그맨 말고 일상생활에서도 상대를 웃기게 해주는 사람이 있다. 내가 그 역할을 했다. 20년 넘게 하다 보니 갈수록 웃으며 노는 법을 모르는 사람이 늘어난 것을 느낀다. 개인의 성격이나 성향의 문제보다 노는 법을 알려주지 않는 게 문제라 생각된다.

요즘은 전 국민의 '아웃도어화'라는 말이 나올 정도로 많은 중장년층들은 등산을 즐긴다. 나 역시 웃음치료사를 공부하기 전에는 등산을 자주 다녔다. 또래로 구성된 등산회를 만들어 비가 오거나 눈이 오거나 상관없이 등산을 다녔다. 솔직히 울산 인근에 있는 산은 다 다녀봤고 전국 명산들도 대부분 올라갔다.

등산의 매력은 올라갈 때는 아무 생각이 나지 않는다는 점이다. 오로지 정상 하나만이 머릿속에 남아 있을 뿐, 나를 괴롭히는 문제도, 사랑하는 가족도, 앞으로 살아가야 할 미래도 잠시 멈추게 된다. 온전히 비워지고 하나만 가득 찬 상황, 그 상황이 나에게 힘을 준다. 솔직히 요즘 남성들이 휴일에 집에서 할 수 있는 것은 그리 많지 않다. 휴일에 집에서 잘 수 있는 상황도 아니고 아내와 어딜 같이 나가려 해도 서로 의견이 맞지 않거나 상황이 따라주지 않으면 그것도 쉽지 않다.

그러니 결국 술을 마시거나 등산을 가는 것으로 행동반경을 좁히기 마련이다. 흐르는 물은 고이면 썩는다. 반복되는 일상만 산다면 도전정신도, 발전도 없어진다. 하지만 등산만으로는 우리의 갈증을 채우기엔 무리다. 정상에 대한 목표 하나로 몸을 지치게 하고 땀 흘리고 그날 저녁은 푹 잠들 수 있겠지만, 그것이 새로운 것에 대한 욕구나 배움에 대한 무언의 의지, 은퇴 후의 삶에 대한 길잡이가 될 수는 없다. 그럼에도 무언가를 하려고 한다면 처음에는 등산을 권하고 싶다.

즉, 무엇이라도 하라는 것이다. 아무것도 하지 않고 가만히 앉아 있는 것보다 술을 마시면서 시간을 흘려보내기보다 적어도 몸을 움직이면서 무언가를 한다면, 다른 것을 찾을 확률이 높아질 수 있기 때문이다. 그렇게라도 건전하게 논다면, 최소한 몸은 건강해질 테니까 말이다.

나는 술을 잘 마시지 못한다. 영업하는 사람으로서는 큰 핸디캡이었다. 하지만 춤은 잘 추었다. 과거 중국 바이어가 왔을 때 나는 주로 울산 나이트클럽으로 그들을 불러 춤을 추면서 분위기를 돋우곤 했다. 춤뿐만 아니다. 당구, 볼링 등 운동적 유희는 어느 정도 즐길 줄 안다. 노래도 곧잘 부른다. 또래들보다 노는 데 일가견이 있다고 할 수 있다. 많은 남성들은 생각보다 잘 못 논다. 노는 법을 배우지 않았으니 제대로 놀지 못한다. 어떻게 보면 슬픈 이야 기다. 일만 하다 놀 시간이 됐는데 노는 법을 모르니 노는 것도 재 미가 없다는 이야기다. 그래서 은퇴 후 많은 남자들이 등산만 다 니게 된다.

노는 것은 별거 아니다. 타인에게 해를 입히지 않는 선에서 내가 즐거우면 그것이 바로 노는 것이다. 또 같이 놀아야 즐겁다. 잘 노 는 것은 매우 중요하다. 잘 놀아야 일도 잘할 수 있기 때문이다. 그 럼에도 불구하고 잘 노는 방법을 모르겠다면, 봉사활동을 다녀보 는 것도 나쁘지 않다.

타인에게 친절과 온정을 베풀면서 내 안에 숨겨진 것을 찾아낼 수 있는 절호의 기회이기 때문이다. 인간은 타인을 통해 나를 발 견하게 된다. 나보다 힘든 상황에 있는 누군가를 위로하고 도와줌 으로써 내가 할 수 있는 부분을 찾는 경우는 생각보다 많다. 나 역시 그러했다.

나이가 들어 논다는 것은 어쩌면 나를 위한다기보다 남과 어울 림에 비중을 두어야 한다. 어우러져 있다 보면 생의 의미를 찾게 되고 그 의미가 한걸음 내디딜 수 있는 용기를 주기도 한다. 그러 므로 은퇴를 앞둔 당신에게 진짜 잘 논다는 의미는 나와 우리를 위한 즐거움을 찾는 것이라고 할 수 있겠다.

덧붙여 한 가지를 추가하자면 인생의 또 다른 즐거움은 자신이 가지고 있는 것을 남에게 가르쳐 줄 때다. 요즘 젊은이들은 흔히들 '어른들에게 배울 것이 없다'고 말한다. 반은 맞고 반은 틀린 이야기다. 경험은 인간이 가진 최대 재산 중 하나이다. 다만 우리들은 이것을 효율적으로 전달해주는 방법을 모르기 때문에 가르치는 기쁨 또한 알 수 없는 것이다.

노는 방법도 개인성향에 따라 달라진다. 대한민국 모든 사람이 춤만 추고, 노래 부르는 게 노는 거라면 피곤한 상황이 펼쳐진다. 개인성향에 따라 노는 법을 알아보자.

첫 번째, 물아일체형이다. 사람 사이에서 재미를 찾는 것보다 특정한 물건을 가지고 노는 사람이다. 몰입이 강하고 집념이 강하다. TV에서 종종 볼 수 있는 고물로 로봇을 만드는 사람이나 자전거에 월급 이상 투자하는 사람을 참조하면 된다. 마니아 또는 덕질 _(좋아하는 걸 넘어선 행동)하는 사람으로 인식된다. 시간과 비용을 과다하게 투자해 주변 사람에게 눈총받기도 한다.

두 번째, 자기계발심취형이다. 민간자격증만 몇백 개 있는 사람이 있다. 생계와 관련 없는 자격증 취득에 열중한다. 말 그대로 배움으로 노는 사람이다. 타인에게는 언젠가 도움이 될 거라 말하며 배움에 투자하지만 사실 배움이 놀이다. 시간과 비용이 많이 들지만 노는 것이니 어쩔 수 없다. 주의사항은 이것저것 배우고 취득하다 보면 타인에게 자신의 색깔을 드러낼 수 없다.

세 번째, 레크리에이션형이다. 우리가 알고 있는 노는 모습의 전형이다. 여러 사람 앞에서 춤도 추고 노래도 부른다. 흥이 많아 마이크를 주도하고 싶어 한다. 모임도 많고 활동도 많다. 이미지 때문에 웃겨야 한다는 강박관념에 빠질 수 있으니 주의를 요한다.

네 번째, 신선놀음형이다. 조용히 자신의 시간을 즐기고 싶어 한다. 남들이 볼 때는 정적이라 재미없어 보이지만 본인은 재미있어 한다. 평일은 회사에 충실하다, 주말이면 캠핑장비 들고 유명 캠핑장이 아닌 나만의 캠핑 공간을 찾는다. 인맥은 마음에 맞는 친구 하나면 된다. 단, 혼자 놀기 때문에 자칫 사회생활에서 밀려날 수 있다.

노는 법을 모르는 건 당연하다. 제도권에서는 제대로 노는 법보다 성실히 근무할 것을 먼저 교육한다. 부모님도 노는 법을 모르니 자식도 노는 법을 모른다. 세대 유전이다. 놀기 위해선 자신이 어떤 유형인가부터 알아본다. 우리가 알고 있는 노는 모습은 나의 노는 스타일이 아닐 수 있다. 자신을 아는 것이 제대로 놀기의 시작이라고 할 수 있다.

그동안 수고했으니 제대로 놀아보자

'낀세대', 베이비붐 세대(1955~1963년)의 또 다른 이름이다. 말 그대로 이도 저도 아닌 끼여 있는 세대다. 유년기인 1960년대 빈곤의 시대를 지났고, 1970년대 유신시대에 청소년 시기를 보냈다. 1980년대는 경제성장을 갈망하는 동시에 민주주의도 갈망했고, 1990년대 영원할 것 같았던 경제호황이 IMF로 터지며 온몸으로 불황을 겪어야 했던 세대다.

그리고 부모를 봉양해야 하는 마지막 세대이면서 노후를 자식에게 의지할 수 없는 첫 세대이기도 하다. 모든 세대가 어렵고 힘들지만 낀세대 역시 만만치 않은 환경에 노출되었다. 이런 환경에 낀세대는 근면, 성실을 최고의 미덕으로 생각했다. 경제발전에 근간이 되었고 한반도 고조선건국 이래 최고의 풍족함을 누리는 땅으로 만드는 데 일조했다. 모든 낀세대가 다 그렇다고 할 수 없지만 '수고했다'고 말해주고 싶다.

수고했기에 이제는 제대로 놀아보자고 말하고 싶다. 위대한 사업도 아주 작은 일에서부터 시작된다. 그리고 가장 어려운 일도 매일 하면 조금씩 쉬워지는 법이다. 다시 말해 실력이 곧 100세를 살아가는 인생의 기초가 된다는 말이다. 만약 제대로 놀 줄도 모른다면, 어쩌면 제대로 가르칠 줄도 모를 수 있다. 많은 경험과 지식이 있다 하더라도 그것을 후대에 전달해주는 즐거움이 없다면, 그것은 쓰지 못하는 금은보화와 같다.

언제까지 금은보화를 숨겨두기만 할 것인가. 재능을 꺼내 누군가와 나누고 싶지 않은가. 그렇다면 우선적으로 해야 할 것은 제대로 노는 것, 제대로 즐거움을 나누는 것부터 해야 한다. 나아가 그것이 곧 은퇴 이후 삶을 결정하는 중요한 동기가 될 수 있다.

회사를 열심히 다닐 무렵에도 나는 은퇴 후의 삶에 대한 막연한 불안감이 있었다. 그래서인지 자기계발 서적을 틈틈이 읽곤 했다. 내가 원했던 은퇴 후의 삶은 벌면서 즐기는 삶이었다. 많이 벌지는 않지만, 시간이 있고 그래서 그 시간을 온전히 즐기는데 투자할 수 있다면 그것은 멋진 삶이 아니겠는가.

책 속에서 많은 것을 배웠다. 재테크부터 강의할 수 있는 지식까지 많은 부분에 대한 간접 경험을 통해 내 자신 속에 새로운 것들을 쌓아둘 수 있었다. 그것은 공부가 아니었다. 지도 같은 것이었다. 언제인지 모르겠지만 삶에서 필요한 것들은 저축해 놓는다는 느낌이라고나 할까.

직장을 다니면서 서울로 오가면서 웃음치료사 교육을 받는 것은 쉬운 일이 아니었다. 무엇보다 아내의 반대가 심했다. 지금이야 웃으면서 할 수 있는 이야기지만, 당시 아내는 내가 받는 교육에 대한 의문이 컸던 모양이었다. "지금 있는 직장에 충실하면서 저축하여 나중에 하고 싶은 일 하면 되지. 뭐하러 큰돈 써가며 서울로 왔다 갔다 해요?" 나 역시 그런 아내를 당시에는 제대로 이해시키지 못했다.

"내가 하고 싶어서 하는 건데 왜 그래!" 그 결과 아내는 내 교육에 대해 강한 부정과 함께 지원도 끊어버렸다. 나 또한 그런 아내를 뒤로 한 채 카드 현금서비스를 받아가며 교육을 받았다. 말 그대로 빚내서 공부한 셈이다. 항상 그렇다시피 무리한 일은 결국 터지기 마련이다. 빚내서 교육을 받기는 했지만 점점 빚은 커져 갔다. 결국 아내에게 사실을 고백했다.

정말 이 일이 하고 싶고, 이 일이 나중에 우리에게 큰 도움이 될 것이라고 설득했다. 아내는 못 미더워했지만 결국 나를 이해하게 됐다. 진심은 진심으로 통하게 되는 법이다. 아내의 허락까지 받았으니 나는 본격적으로 공부를 해 나갔다. 아니, 정확히 공부가 아니라 즐거움을 찾는 것이었다.

그렇게 은퇴 전 10년의 시간이 지나고 불과 1~2년만을 남겨놨을 때 나는 이미 주말에 강의를 나갈 수 있는 자격을 얻은 상태였다. 그러자 진심으로 은퇴가 기다려졌다. 빨리 퇴직해서 마음껏 이 일을 하고 싶었기 때문이다. 회사의 구속 없이 나의 스케줄로 사람들과 만나면서 나와 그들 모두를 즐겁게 하는 일을 실컷 누리고 싶었다.

마침내 은퇴를 했을 때 나는 본격적인 1인 기업으로 나섰다. 직접 강의할 기관을 찾아가 나를 소개하고 포트폴리오를 만들어 돌리면서 기다렸다. 처음 그 대가는 그리 대단하지 않았지만, 점차 사람들은 늘어갔고 내 강의에 귀 기울이기 시작했다.

이 자리를 빌려 말하건대 나는 퇴직 후 비로소 구속된 삶에서 벗어나 나를 위한 삶을 살기 시작했다고 할 수 있다. 내 삶에 안정과 즐거움이 스며들자 세상은 행복해지기 시작했다. 그리고 꿈이 생기기 시작했다. 1천여 명 이상이 모여 있는 강단에서 그들에게 삶의 즐거움을 이야기하게 된 것이다.

모두가 은퇴 후의 삶에 어느 정도 불안감이 있다. 그것은 돈의 문제가 아니다. 사회의 한 위치에서 벗어나게 된다는 것만으로도 이미 공포가 마음속 어딘가에 자리 잡게 되는 것이다. 하지만 이미 준비된 삶이 있다면 이야기는 달라진다. 그리고 그 준비된 삶이 내가 원하는 것이라면 인생의 가치는 빛나게 된다. 즉, 은퇴 후부터 내 삶의 드라마가 탄생하게 되는 것이다.

"저는 이 일을 하면서 다른 사람을 위해 한 일이 결국 나를 위한 일이란 것을 깨달았어요. 보람과 희망을 느끼는 것은 삶에서 중요한 부분이에요. 은퇴한 노인들도 이런 것을 느끼면서 살아야 해요. 노인들도 사회에서 다시 일해서 그 부담을 청년층이 짊어지지 않도록 해야 합니다. 분명 청년들보다 노인들이 더 필요한 자리가 있거든요."

아파트 공동체 문화센터에서 영어를 교육하는 김동익 씨의 말이다. 무역회사에서 은퇴 후, 다른 일을 경험하고 싶어 샌드위치와 커피 만들기를 배웠다. 어느 날 자신이 가진 샌드위치와 커피 만들기 그리고 영어를 조합하면 괜찮은 교육콘텐츠가 탄생할 것이라고 생각했다. 그 후 그는 아파트 공동체 문화센터에서 콘텐츠에 긍정적인 반응을 보인 수강생들을 대상으로 교육 강사로 활동 중이다.

우리가 놀아야 하는 이유도 여기에 있다. 김동익 씨 말처럼 나를 위한 일이고 남을 위한 일도 함께할 수 있어서다. 앞으로 놀 줄 아는 사람이 인기도 많고 더 대접받을 거라고 생각한다.

나 자신을 위해, 사랑하는 가족을 위해, 나라를 위해 열심히 일했다. 수고했으니 이젠 좀 놀아보자. 놀면서 돈까지 버는 사람이 생기고 있다. 신나게 놀자, 놀이 속에 의미와 경제적 활동 두 마리 토끼를 잡아본다.

은퇴 전 10년이 은퇴 후를 결정한다

이상훈 저자의 책 『1만 시간의 법칙』에는 다양한 분야에서 1만 시간을 투자해 전문가로 인정받는 사람들의 사례가 나온다. 여기에 이어 미국 작가 로버트 그린의 『마스터리의 법칙』에는 전문가를 뛰어넘는 마스터리가 되기 위해서는 2만 시간을 투자해야 한다고 조언한다.

하루 2시간 정도 특정 분야에 활동하거나 공부할 수 있다면 1년이면 730시간(365일×2시간)이다. 10년이 쌓이면 7,300시간이다. 1만 시간에 조금 못 미치지만 주말에 시간을 더 투자할 수 있다면 1만 시간이 가능하다. 그리고 시너지 내듯 같은 시간을 투자해도 성과는 달라진다. 7,300시간을 투자한다면 적어도 다른 직업인이 될 수 있다.

2만 시간이 필요하다는 '마스터리' 경지 역시 15~20년 일정 시간을 투자한다면 누구나 올라갈 수 있는 경지다. 중요한 건 한 분야에 오랜 시간 인내 있는 투자가 중요하다. 10년은 사실 긴 시간이다. 하지만 돌아보면 매우 짧은 시간이기도 하다. 더욱이 반복된 생활을 하는 직장인들에게는 미래를 준비해야 하는 골든타임이면서 자칫 불안만 떨다 버려지는 시간이 될 수도 있다. 은퇴를 준비할 수 있는 최상의 시간은 현직에 있을 때다. 그래서 은퇴를 10년 정도 앞둔 교육생을 만나면 내가 열변을 토하는 것도 사실이다.

대한민국 1인 기업 아이콘은 공병호 소장이다. 공병호 소장 역시 연구소 재직시절 자신의 미래와 은퇴 후를 고민했다. 당시에는 회사에 충실하면 은퇴 후까지 보장된다는 분위기가 있어 꽤나 앞서나가는 고민이었다. 위기감이 닥치자 시간확보에 주력한다. 공병호 소장이 집중한 시간은 주말이었다. 당시는 주5일제 근무가 아니라 토요일 오선에는 출근하고 점심식사 후 회사에서 자신이 연구하고 싶은 분야를 연구했다. 그리고 일요일은 연구를 더욱 심도 있게 해 '저널리즘과 아카데미즘' 중간지점에 있는 전문가로 자신을 브랜딩할 수 있었다.

공병호 소장 말고도 지금 은퇴 후 새로운 분야에서 앞서나가는 모든 사람들의 특징은 현직에 있을 때부터 준비했다는 것이다. 현직에 있을 때 피곤하고 힘들더라도 준비해놓은 사람은 갑작스럽게 퇴직을 해도 당황하지 않지만, 준비하지 않으면 갑작스런 퇴직에 당황할 수밖에 없다. 당황할 때는 신중한 판단을 내리지 못한다. 방법은 10년을 본다는 유장한 마음으로 준비하는 것뿐이다.

나는 10년 전부터 은퇴 후의 삶을 준비했다. 거창한 것은 아니었다. 단지 내 안의 숨겨진 작은 재능을 찾아냈고 그 재능을 키우는 방법을 고민했으며, 여러 난관에서도 그것을 발전시켜 나갔다. 사업을 하는 사람들에게는 별것 아닌 일인지 몰라도 직장을 가진 평범한 나에게 그것은 모험이었다.

최근 읽었던 책 중에 깊은 인상을 준 책이 있다. 셀프코칭 전문가인 김봉학 저자가 쓴 『개코원숭이의 사막건너기』이다. 이 책은 은퇴자를 위해 쓴 책으로 우화를 빌어 은퇴를 앞둔 우리들의 모습을 이야기하고 있다. 이미 여러 신문과 잡지에 소개된 책이기도 하다. 『개코원숭이의 사막건너기』는 누구나 자신이 낯설 때가 한 번쯤은 있다는 전제에서 출발한다. 예를 들어 익숙했던 자신이 어느 날 갑자기 타인처럼 여겨진다든지, 혹은 내 자신 속 어딘가에 숨어있던, 지금까지 한 번도 만나 본 적 없는 새로운 모습과 문득 마주치게 될 때 대부분의 사람들은 두려움과 공포를 느끼게 된다는 것이다.

그러나 가장 큰 공포는 낯선 것을 만나는 것이 아니라 익숙한 것에 더 이상 머물기 어렵다는 것을 알게 될 때다. 오랜 시간 동안 아주 서서히 녹아들었던 일상이 갑작스레 파괴되거나 사라지게 된다면, 혹은 내가 이제까지 누려왔던 생활이 알고 보니 벼랑 끝이었다는 것을 타인에 의해 억지로 깨닫게 된다면 그 파장은 나이가 들어갈수록 더욱 크고 거대하겠다.

하지만 뒤집어서 이야기를 한다면 익숙한 것에서 떠날 때 비로소 지금과는 다른 새로운 가능성을 발견하게 된다. 이미 우리 내부에 내재되어 있었던 수많은 잠재력들을 다시 꺼내 쓸 수 있는 기회인 것이다. 그러므로 새로운 가능성은 그 사람을 활기차게 하고 생명력을 부여해주며 심장 박동이 뛰게 만든다. 현자들은 이것을 '변화'와 '모험'이라고도 하며 또 다른 말로는 '적응'이라고 한다.

『개코원숭이의 사막건너기』는 이처럼 익숙한 것에서 떠나야 하는 사람들, 즉 인생 2막을 스스로 개척해야 하는 사람들을 위한 내용이다. 스스로 자신의 성공을 이끄는 기술인 '셀프코칭' 분야 권위자가 쓴 은퇴자를 위한 지침서로, 책을 통해 저자는 인생 2막을 준비하는 사람들에게 삶을 새롭게 일으켜 세우는 지혜를 전달하고 싶어 한다.

주인공 윤 부장이 어느 날 아침 개코원숭이로 변해버린 자신을 보는 것으로 시작된다. 회사 오너의 아들인 상무로부터 은근히 퇴직을 종용하는 말을 들은 윤 부장은 굴욕과 패배감, 배신감, 미래에 대한 불안 등으로 폭음한 다음 날 욕조 거울에서 두 아이의 아버지이자 55세의 직장인 얼굴이 아닌 개코원숭이로 변한 자신의 모습을 보게 된다. 개코원숭이로 변한 모습은 윤 부장 자신만 볼 수 있고 남들은 보지 못한다.

며칠을 원숭이로 살던 윤 부장은 자기와 같은 경험을 한 은퇴 선배이자 입사 동기로부터 한 권의 수첩을 받게 되는데 여기서부터 그의 새로운 인생이 시작된다. 우리들은 책 속 윤 부장을 따라가다 사막의 실체를 알게 되고 어느새 용기와 자신감을 얻는 자신을 발견하게 된다.

책 속에서 사막은 방향이나 위치가 정해지지 않은 곳으로 성공과 실패의 확률이 반반인 곳이다. 인생 2막, '진정한 나'를 찾아 떠나는 여행은 이처럼 사막을 걷는 거나 마찬가지다. 익숙한 것에서 내몰려 '변화'와 '모험'이 가득한 사막을 여행할 경우 길을 잃고 헤매는 것은 당연하다. 그런데도 우리는 나이 들면서 이를 인정하지 않으려 한다. 때문에 은퇴 후 새로운 일을 시작하는 것이 그만큼 힘들게 되는 것이다. 작가는 이 책에서 '자신이 먼저 변해야 한다'고 강조한다.

은퇴는 끝이 아니다. 하지만 그렇다고 무언가를 처음부터 시작해야 하는 암담함도 아니다. 이제까지 고생했으니 지금부터 제대로 한번 놀아보라고 주어지는 시간이다. 다시 말해 이때까지 끌려다니며, 혹은 매여서 살았다면 지금부터는 자유롭게 하고 싶은 일을 하면서 삶을 영위하라는 것이다. 돈이 많다면야 어떻게든 할 수 있겠지만, 그것도 제대로 놀 줄 모르면 금방 질리게 될 것이다. 나이 들어 느낄 수 있는 즐거움은 내가 해보지 않았던 것을 하는 일이다. 또 타인에게 나의 것을 전달해주고 가르쳐줌으로써, 혹은 내 것을 나눠 가짐으로써 올 수도 있다.

　은퇴 후 논다는 것은 온전히 나를 위함이다. 일을 하는 것도 내가 그것을 즐기고 준비해 온 것이라면 노는 것의 다름 아니다. 익숙한 장소를 떠날 때 어떤 기분을 안고 떠날 수 있을까. 허탈하고 두려워하면서 집으로 돌아올 예정인가, 아니면 이제부터 내가 하고 싶은 일을 해야겠다는 설렘으로 두근대며 돌아올 것인가. 답이 결정됐다면, 지금부터 은퇴 전 10년이 은퇴 후를 결정한다는 사실을 안 것이다.

2

놀 줄 아는 은퇴가
진짜 은퇴며
2막이다

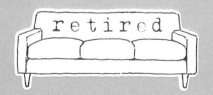

은퇴 후 잘나가는 사람들의 특징

미국 메이저리그 LA 다저스에서 선발 투수로 활약하는 전 한화 투수 류현진을 모두 알 것이다. 이 류현진의 미국 진출을 도운 에이전트는 스캇 보라스라는 사람이다. 1952년생인 스캇 보라스는 1974년부터 세인트루이스 카디널스와 시카고 컵스의 마이너리그 팀에서 선수로 생활했다. 물론 좋은 경기력은 갖추지 못했기 때문에 큰 선수로 성장하지는 못했다. 스캇 보라스는 네 시즌을 마이너리그에서 활약한 뒤 1977년, 무릎부상으로 25세의 나이에 은퇴를 하지만 그는 야구 이외에도 재능이 하나 더 있었다. 바로 공부였다. 야구 시즌 중에도 학부 전공이었던 약학 서적을 탐독, 매년 9월의 프로야구 시즌이 끝나면 곧바로 대학원생으로 변신, 1977년 은퇴와 동시에 약학박사를 취득하면서 제약회사에 취업한다. 그의 진짜 인생은 은퇴 후부터였던 것이다.

제약회사에 근무하면서 그는 점점 자격증 취득에 관심을 보였고, 주변의 만류에도 불구하고 로스쿨에 진학한다. 수업도 어렵고 졸업은 더 어렵다는 로스쿨에 말이다. 그런데 모두의 예상을 뒤집고 졸업해서 마침내 변호사 자격증을 취득한다. 그리고 곧바로 로펌으로 직장을 옮긴다. 여기서 한 번 더 인생에 변화를 준다. 로펌을 그만두고 이전 경력인 야구 경험을 살려 야구선수들의 계약 체결을 대행해주는 에이전트로 변신을 꾀한 것이다. 그 후 선수들에게 유리한 조건으로 계약을 체결해주면서, 구단들로부터 공공의 적으로 불릴 정도로 대형 에이전트로 급성장했다.

은퇴 후 잘나가는 사람들의 특징은 별것 아니다. 바로 은퇴 전에 은퇴 후를 준비하는 것이다. 은퇴는 공식적으로 더 이상 나를 지탱해줄 조직이 사라진다는 의미이다. 내가 혼자가 되는 것이고 그 혼자로서 남은 삶을 유지해야 한다는 이야기다. 준비 없는 은퇴는 말 그대로 지도 없는 정글 탐험과 같은 것이다.

노인 복지관 등에서 웃음 강의를 하면서 느낀 것은 정말 일선에

완전히 물러난 선배들 중 은퇴 후의 삶을 충분히 즐기는 사람들을 만날 때이다. 이들의 공통적 특징은 자기관리를 잘하고 적응력이 뛰어나다는 것이다. 또 매사가 긍정적이다. 이런 성격의 소유자들은 대인관계가 기본적으로 원만한 편이다.

실제 그들과 이야기해 보면 직장 은퇴 전보다 은퇴 후의 삶이 훨씬 건강하다는 진실이다. 작은 일도 기쁘게 받아들이며 돈을 번다는 행위 자체를 즐겁게 여긴다. 이런 긍정적인 성격은 사실, 은퇴 후의 삶에 지대한 영향을 끼친다. 정신적 건강은 말할 것도 없고 육체적 건강에도 도움이 크다.

나 역시 성격이 변한 지점이 있다. 직장을 다니면서 주민자치위원회에 지원했을 때이다. 매일 같은 일상에서 벗어나 지역에 조금이라도 헌신하고 싶다는 마음에서 시작한 주민자치위원회 활동은 나의 성격에 큰 영향을 미치게 되었다. 이미 사회인으로서, 성인으로서 충분한 나이를 먹어 더 이상 변화가 요원할 것 같은 시기였지만 그렇지 않았던 것이다.

첫 번째로 배운 것은 배려였다. 타인에 대한 존중 그것은 단순 예의가 아니라 성숙한 성인의 자세였다. 영업을 하면서 배운 겉치레 예절에 익숙했던 나는 자치위원회 활동을 통해 사람들과의 잦은 대화를 하면서 배려를 배웠다. 배려가 몸에 익혀지니 자연스럽게 성격이 밝아졌다.

여기에 많은 분야의 다양한 사람들을 만나게 된 것도 내 은퇴 후 삶을 계획하는데 큰 도움이 됐다. 자치위원회를 하면서 평상시에는 쉽게 볼 수 없었던 구의원과 시의원 등을 만나 주민들의 이야기를 전달하면서 내 삶의 영역을 넓혀가기 시작한 것이다. 대부분의 직장인들은 자신이 속해 있는 인적 네트워크를 크게 벗어나지 못한다. 전문성은 높아지겠지만, 다양성은 좁아지는 것이다.

그렇게 몇십 년을 살다 은퇴를 하게 되면 갑자기 세상이 막막해지는 경험을 하게 된다. 그것은 19살의 고등학교 3학년이 20살 성인이 되면서 갑자기 풀린 통제에 당황하는 것과 유사하다. 다행히도 나는 자치위원회를 통해 인적 네트워크에 대한 확대가 필요하다는 것을 경험했다. 그리고 곧바로 1대 250의 법칙을 도용했다.

1대 250의 법칙이란 기네스북도 인정한 세계 최고의 자동차 판매왕인 조 지라드가 만들어 낸 영업법칙이다. 조 지라드는 영업에서는 대단한 인물이다. 한때 현대·기아 자동차의 영업판매왕이 한 해 343대 판매, 총 누적집계는 3,888대라는 엄청난 성과를 보였다는 기사가 있었다. 이 영업왕은 대략 한 주에 약 6대가량의 계약을 성사시킨 것이다. 보편적으로 자동차 딜러들은 한 주에 2대만 계약을 성사시켜도 우수한 성과로 평가된다. 그러나 조 지라드는 무려 한 주에 약 16대가량의 계약을 성사시킨 아주 대단한 인물이다. 15년 동안 매일 하루에 2.4대씩 계약을 성사시켜, 누적집계 1만 3,000대로 12년 연속 기네스북의 판매왕에 올랐다.

하지만 모든 성공한 이들에게는 그 뒷이야기가 있는 것처럼, 그도 세계 최고의 판매왕이 되는 것이 쉬운 일은 아니었다고 한다. 스스로 "나는 35세까지만 해도 세상에서 가장 실패한 낙오자였다"고 고백할 만큼, 고등학교 중퇴 후 40여 군데의 직장을 전전하면서 살아왔다. 구두닦이와 접시닦이, 난로 수리공, 건설현장 인부 등을 돌아다니다 새로운 다짐으로 시작했던 사업은 사기로 끝나게 되어 집과 자동차도 압류당하고, 순식간에 엄청난 빚더미에 앉기도 했다.

인생의 바닥을 맞닥뜨린 후 그가 선택한 길은 바로 '세일즈'였다. 그는 자신의 인생 경험을 모두 짜내 만든 1대 250 법칙에 집중했다. 1대 250의 법칙은 사람은 누구나 평균 250명 정도의 사람들과 연결되어 있다는 법칙이다. 그 한 사람에게 호감을 얻는 것은 그와 연결된 250명의 사람들에게도 호감을 얻게 되는 것과 같은 의미이며 또한 반대로 한 사람을 잃는 것은 그와 연결된 250명의 사람을 잃는 것과 동일하다는 법칙인 것이다. 다시 말해 조 지라드에게 1명의 사람은 1명이 아닌 250명이었던 셈이다. 당연히 그는 고객 1명에 최선을 다하게 된다.

"성공으로 가는 엘리베이터는 고장입니다. 당신은 계단을 이용해야 하죠. 한 계단 한 계단씩."

조 지라드는 이렇게 말한다. 나 역시 자치위원회 당시 이 법칙을 엄격히 적용했다. 당시에는 영업이나 은퇴 후의 어떤 목적이 있어서가 아니라, 내가 맡은 사회적 봉사에 대한 당연한 노력이라고 생각했던 것이다. 그런데 그때 신뢰를 얻은 사람들이 지금 내가 강의하는 데 큰 도움이 되고 있다. 강의를 주선하기도 하고 다른 사람에게 추천하기도 한다. 그 사람들이 있었기에 지금 나는 '윤춘식 올통합교육컨설팅'을 열 수 있었던 것이고 1인 기업으로서 자리를 확고히 할 수 있었던 셈이다.

은퇴 후 나의 삶은 이미 은퇴 전부터 준비해야 한다. 하지만 긍정적인 마인드로 한 사람 한 사람에게 배려와 최선을 다한다면 준비가 약간 부족하더라도 길은 열리기 마련이다.

부부소통, 놀 줄 알아야 제대로 통한다

부부란 매우 단순하면서도 복잡한 관계이다. 혈연으로 이어지지 않았기에 금세 깨질 수 있지만, 그 어떤 혈연보다 더 강하게 묶여 있기도 하다. 은퇴 후 삶에 대해 이야기하면서 웬 부부 타령일까 싶을 것이다. 하지만 은퇴 후의 삶에서 정말 필요한 요소가 바로 부부이다.

물류 팀에 근무하면 화물기사들을 자주 보게 되었다. 대리 시절, 명예퇴직 후 트럭을 구매해 전국을 누비는 60대 화물차주가 있었다. 이 화물차주는 아내와 함께 다녔다. 아내는 복잡한 곳을 후진해서 들어갈 때 경광봉을 들고 유도하거나, 큰 보온병을 들고 다니며 전표(확인서)를 끊어주는 사람에게 커피를 타주었다. 나도 여러 잔 마셨다. 부부를 보며 장거리 운전에서 아내와 도란도란 이야기하는 모습을 상상했다.

어느 날 시간이 허락되어 그들과 이야기를 나누었다. 아내는 장거리 운전으로 힘들어하던 남편을 도와줄 일을 고민하다 한두 번 장거리 운전에 동승을 했다고 한다. 라디오를 같이 들으며 웃고, 바깥 풍경도 구경하고 좋았다고 한다. 물론 샤워나 화장실은 불편했지만, 세상 돌아가는 것도 보고, 명예퇴직 후 남편이 힘들게 벌어다 주는 돈의 소중함을 배웠다고 한다.

회사의 계약기간 내내 부부를 보며 나도 모르게 흐뭇했다. 부창부수(夫唱婦隨)라고 했던가. 위험한 길을 안내하는 아내와 아내의 경광동을 보고 후진하는 남편. 지금도 잊지 못하는 부부다. 그 부부에게는 화물운전이 하나의 놀이였다고 생각한다. 경제적으로 성공하여 화물운전을 안 했더라도 분명 다른 좋은 놀이를 찾았을 부부다. 부부가 같은 놀이를 한다면 중년의 모습은 더 아름다울 것이다.

셀프코칭 전문가 김봉학 저자가 쓴 『개코원숭이 사막건너기』를 읽어보면 은퇴를 고민하던 윤영민 부장이 아내와 등산을 같이 가는 장면이 나온다. 아내는 과거에 일을 하다 우울증에 걸려 한동안 헤어나오지 못했던 사람이다. 그런데 그 어려운 시기에 윤 부장은 제대로 그녀를 다독여주지 못했다. 그 뒤로 두 사람은 대화가 많이 줄었다.

"철진 아빠, 요즘 무슨 고민 있지?" 등산에서 아내가 조용히 말을 건다. "아니야, 고민은 무슨?" 아내는 피식 웃으며 다시 산을 올라간다. 산 중턱에 자리를 잡은 부부는 도시풍경을 바라본다. "참, 당신 고지식해. 내가 당신과 살아온 세월이 얼마인데 당신이 고민이 있는지, 없는지도 모르겠어?" 아내는 고민이 무엇인지 추적해 나간다. 윤 부장은 조용히 입을 연다. "몇 년 남았다고 생각했는데… 그게 아닌가 봐. 회사는 슬슬 나가라는 눈치야." 아내는 도시풍경을 구경하고 입을 연다. "어쩔 수 없잖아요. 나이가 있으니까. 요즘 같은 세상에 정년을 다 챙기는 것은 욕심일지도 몰라요." 윤 부장은 조용히 묻는다. "뭘 할까?" 아내는 세상 물정 모르지만 치킨집과 피자집은 반대한다. 다시 윤 부장이 말한다. "일단…" 말을 흐리지만 다시 마음먹고 말한다. "남들이 안 하는 것 중에서 내가 잘할 수 있는 것을 알아보고 있어. 쉽게 결정할 일이 아니잖아. 당신과 나의 남은 인생이 담겨있는 결정인데 말야. 낭비하지 않으면서, 흔하지도 않고, 그럼에도 미래가 있는 것. 그것이 뭔지를 지금 찾고 있어." 아내는 하늘을 보고 다시 말을 건다. "당신에게 남은 꿈이 있어요?" 윤 부장은 당황하며 "꿈?"이라 말한다. 아내는 차분한 음성으로 "예, 꿈. 뭐

랄까 아이들 키우는 거 말고, 나하고도 상관없이. 꿈 말이에요." 윤 부장은 잠시 말을 멈췄다. 꿈이라…. 그러다 아내를 쳐다보며 "그러는 당신은? 뭔가 꿈꾸고 있는 게 있어?"라고 되물었다. 아내는 고개를 흔들며 "없어요. 그래서 한때 사는 것이 너무 힘들었죠."라고 쓸쓸하게 답했다. 그녀는 커피를 홀짝거리며 "꿈이라는 것이 그렇잖아요. 내 존재 이유고, 가장 큰 욕구인데 당신과 나는 어쩌면 그것도 없이 살았는지 몰라요"라고 말을 이었다. "아주 오래전 우울증에서 벗어날 수 있었던 건 아이들을 키워야겠다는 의무감과 그 아이들을 행복하게 해주고 싶다는 꿈이 있어서였어요. 그런데 이제 아이들도 다 크고, 당신도 어느새 늙어 버렸고. 난 뭘 했나 싶어요, 요즘." 영민은 조용히 아내의 이야기를 들었다. "물론, 우리가 부지런히 살아왔다는 것은 누구보다 우리 스스로 잘 알 거예요. 하지만 부지런히 살아왔다고 만족할만한 인생을 산 것은 아니잖아요. 난 당신이 일을 그만뒀을 때 꿈마저 없다면, 나처럼 될 거 같아 무서워요." 영민은 아내의 어깨를 감싸 안으며 말했다. "아니야, 당신이 어디가 어때서. 당신이 없었다면, 지금의 나도 없었어. 당신이란 사람이 내게 와줬기 때문에 이 험한 세상을 살 수 있었어." 아내는 조용히 그러나 깊은 눈으로 영민을 쳐다보며 말했다. "그러니까. 철진 아빠, 아니 영민 씨… 급하게 생각하지 말고 꿈을 한번 가져 봐요, 우리. 오늘을 희생해서 내일을 살 만큼 젊지 않잖아요. 오늘 하루를 충실하게 살 수 있는 무언가를 당신이 찾았으면 해요." 영민은 아내의 눈을 보며 가슴 깊은 곳에서 어떤 울림이 올라오는 것을 느꼈다. 이 여자가 이토록 깊고 자상한 사람이었나 하는 새삼 깨달음과 더불어 잠시 잊고 있었던 아내에 대한 소중한 감정이 꿈틀거린 것이다.

"나… 나는… 무슨 일이 있어도 당신과 같이할 거야."

이 책을 읽는 사람들과 함께 느끼고 싶어 많은 부분을 담았다. 솔직히 마음이 아팠다. 으레 그렇듯 우리 세대의 남자들은 아내에게 살갑게 대하지 못하고 살아왔다. 특히 영업을 하던 나로서는 밖에서 많은 말을 하다 보니, 집에서는 입을 다물고 있기 일쑤였다. 집이 아니라 하숙하는 곳이었던 것이다. 은퇴 후인 지금도 잘한다고는 말할 수 없다. 하지만 예전보다는 가까이 다가가려고 한다.

은퇴 후 부부는 친구이자, 동료이며, 가족이다. 내가 먹여 살려야 할 짐이 아니라 나와 같이 길을 가는 동반자이다. 아내가 반대한다면 그 어떤 일도 쉽게 이뤄질 수 없다. 은퇴자는 바로 은퇴 후부터 그간의 삶에 대한 성적표를 아내 혹은 남편에게 받게 된다. 살아오면서 얼마나 많은 신뢰를 주었고, 얼마나 많은 이야기를 나눴으며, 얼마나 서로를 깊게 알고 있는지 바로 느끼게 된다. 내가 알고 있던 내 배우자가 아닌 느낌을 받을 수 있고 내가 자신에 대해 얼마나 후한 평가를 주었는지도 뒤늦게 깨닫게 된다.

'말로는 표현 안 했지만 가슴 깊이 사랑하고 있는데 나에게 어떻게 저럴 수가…'라는 말은 자기 위안일 따름이다. 그제야 다수 은퇴자들은 사태의 심각성을 알고 배우자에게 허겁지겁 대화를 해보려고 시도하지만 이미 불통이 익숙해진 상대는 그것을 귀찮고 불편하게 여기게 된다. 은퇴만으로 이미 세상의 한 축이 사라진 느낌인데 평생을 같이 해온 사람마저 나를 차갑게 대한다면 인생 2막은 시작부터 힘들어지는 셈이다.

방법은 있다. 같이 노는 것이다. 배우자가 지금 관심 있어 하는 놀이에 동참하고 또 둘이서 할 수 있는 놀이를 찾는 것이다. 그래서 두 사람이 점점 제대로 건전하게 놀 줄 알게 되면 이해의 폭이 커지게 된다. 간단하지만 매우 어렵다. 나 역시도 그 어려움을 알면서도 다가간다. 가장 가까운 사람은 나의 큰 힘이 될 수도 있지만, 나의 의지를 꺾을 수도 있다. 그리고 그렇게 만드는 것은 누구도 아닌 나 자신이다. 지금 이 순간부터라도 같이 손을 잡고 놀아본다. 그러면 결국은 통하게 되는 법이다.

은퇴 전 부부가 함께 놀 것을 찾자. 이왕이면 함께 놀 수 있고, 소통과 스킨십이 있으면 좋겠다. 더 추가하여 놀이에 수입까지 있다면 금상첨화다. 은퇴 후 가장 큰 지원군은 배우자다. 같이 놀며 지원자를 응원해주자.

자식과의 배움은 곧 놀이다

자녀소통 강의가 끝나고 중학교 아들을 둔 학부모가 상담을 요청했다. 아들은 기회가 있으면 스마트폰으로 게임만 할 뿐 학교생활을 물어봐도 대답도 없고, 주말에 함께하기가 정말 힘들다고 한다. 전래놀이, 보드게임으로 청소년 강의를 하는 나 역시 스마트폰을 대체할 것이 없다는 게 안타까울 때가 있다. 앞으로 청소년 자녀를 둔 부모는 소통이 더욱 어려워질 것이라고 생각된다.

소통의 문제는 비단 청소년 자녀를 둔 부모 문제만이 아니다.

20~30대 자녀를 둔 중년들 문제도 심각하다. 1980~1990년 그리고 2000년대까지 30년간 사회변화 속도가 너무 빨랐다. 생계도 팍팍해지고 개인주의가 늘어나면서 교류가 줄어드니 성인이 된 자녀들과 소통하기가 점점 힘들어진다.

SBS 프로그램 '세상에 이런 일이'에 반짝이 옷만 입는 부부가 나왔다. 진한 보라색 반짝이 옷을 입고 노부부가 거리를 활보하는 장면이다. 사람들 눈에 띄는 것은 물론이다. 집 안에도 반짝이 옷뿐이다. 나이에 비해 젊게 사는 모습이 부러웠다. 부부의 사연은 이렇다. 가난했던 시절 부부는 장사를 했는데 쌀값이 없어 값싼 고사리에 소금물을 넣고 비벼 먹을 정도였다고 한다. 열심히 살며 어느 정도 안정을 찾자 멋쟁이 삶을 살고 싶어 반짝이 옷을 구매하기 시작했다. 부부의 아들이 나와 인터뷰를 했는데 참으로 인상 깊었다. "술을 드시는 것도 아니고, 건강하게 웃으며 살고 계시니 좋습니다"라고 부모를 긍정적으로 바라본 것이다. 아들 인터뷰를 보고 부모가 재미있게 살면 자녀들도 한시름 놓겠다는 생각이 들었다. 재미있게 사는 것, 자녀와 함께라면 얼마나 좋을까.

나에겐 외동딸 하나가 있다. 최근에는 그 아이를 닮은 예쁜 딸도 태어났다. 직장에 다닐 때 딸과의 관계는 내 생각으로는 나쁘지 않았던 것 같았지만, 꼭 그런 것은 아니었다. 아이들은 어느새 우리가 모르게 쑥쑥 자라곤 한다. 은퇴 후를 준비하면서 웃음치료사에 집중할 때였다. 당시 나는 교육을 마치고 다른 웃음치료사들을 교육시키는 과정에 있었다.

어느 날, 딸이 다가와서는 자신도 그 교육을 받을 수 없겠느냐고 물었다. 직장을 다니는 딸이 그런 이야기를 하자 나는 약간 갸웃했지만 어떤 의미가 있을 것으로 믿고 내가 운영하는 문화교실에 1년간 등록시켰다. 딸은 매주 목요일마다 열리는 교육에 열심히 참여했고 생각보다 너무 즐거워했다. 어느 날 딸이 말했다. "전 아빠가 존경스러워요. 남들을 위해 무언가를 가르치고, 그 가르치는 내용이 사람들을 행복하게 해주는 것이 너무 좋아 보여요." 딸의 그 한마디는 내가 준비해 온 은퇴 후의 삶에 대한 예찬과도 같았다. 그 기쁨은 뭐라 말할 수 없는 것이었다. 딸은 현재 웃음치료사 자격증과 함께 스트레스 관리사 자격증도 땄다. 언젠가 자신도 나처럼 강단에 서서 강의하고 싶다고 한다. 딸뿐만 아니라 아직 아기인 외손녀도 나의 일을 좋아한다. 딸이 교육을 받을 당시 외손녀를 배 속에 품고 있던 상태라, 모태 웃음교육을 받고 나왔기 때문이다. 지금도 외손녀는 당시 웃음 교육 때 틀어줬던 노래를 들으면 자신도 모르게 율동을 하고는 한다.

나는 은퇴 후의 삶을 제대로 노는 인생 2막이라고 자주 말하곤 한다. 1막은 살아남기 위해 가족을 지키기 위해 치열하게 싸워 온 삶이었다면, 적어도 2막은 내가 하고 싶었던 일 혹은 즐거운 일을 하며 살아가야 한다. 당연히 그 과정에서 돈벌이를 하든 무엇을 하든 그것은 삶의 유희여야 한다는 것이 나의 지론이다. 제대로 논다는 것은 행복하게 산다는 의미다.

자식과 같은 것을 배우고 나누는 것 역시 그중 하나다. 하는 일이 자식과 같이 나눌 수 있는 일이라면 그것은 최상의 일이다. 우리는 자식 교육에 관한 많은 이야기를 듣고 산다. 하지만 정작 자식과 같이 배우는 삶은 그리 많지 않다. 아내와 같은 취미를 가지듯, 아이와 같은 배움을 갖는 것은 인생에서 한 번쯤 꼭 해볼만한 일이다.

고흥군에 한 군의원이 있는데, 이 사람은 군의원에 당선되면서 딸과 함께 대학교에 입학했다고 한다. 건설업자 출신이었던 그는 막상 군의원을 해보니 공무원들과 대화하는데 자기 역량이 부족하다는 것을 느낀 것이다. 다른 사람들 같았으면 직위를 이용해 넘어가거나 얼버무렸겠지만, 그는 그렇지 않았다. 제대로 알기 위해선 배움이 절실하다는 것은 스스로 잘 알고 있었다.

때마침 막내딸이 그해 대학교에 입학했다. 딸에게 과를 추천했던 그로서는 딸이 배우는 것을 보고 같이 배우는 것이 아버지로서의 역할이라고 마음을 굳혔다. 그래서 그는 무려 4년간을 낮에는 군의원으로, 밤에는 야간 대학생으로 몇 시간씩 차를 몰고 다니면서 대학 수업을 받았다. 그 과정에서 장학금을 받기도 하고 딸과 같이 리포트를 쓰기도 하면서 더욱 가까워졌다. 마침내 두 부녀가 학사모를 같이 쓰던 날, 군의원의 딸은 그를 껴안으며 "사랑해요. 아빠가 정말 자랑스러워요"라고 말했다.

우연히 신문에서 읽은 기사지만, 참 대단하고 행복한 삶이라는 생각이 든다. 늘 부모는 자식을 가르치는 입장이었다. 하지만 부모 역시 사실은 평생 배우는 입장이기도 하다. 21세기를 사는 자식들은 이제 부모들이 아는 것보다 더 많은 분야를 알고 있다. 부모들은 그들에게 자신들이 아는 세상을 이야기하지만, 실제 우리의 세상은 하루가 다르게 바뀌고 있다. 더 이상 가르칠 게 없어져 버린 것이다.

부모의 경험과 자식의 경험에 괴리가 생기면서 대화는 자연스럽게 단절된다. 노는 방법 또한 그들과는 확연히 다르다. 결국 이런 저런 이유로 부모는 부모대로 자식과의 거리감을 느끼고 자식은 자식대로 부모와 멀어지게 된다. 하지만 두 사람이 무언가를 같이 배우게 된다면 세상은 달라진다.

바쁜 자식이 언제 시간을 내서 같이 배울 수 있겠느냐고 묻는다면, 자식이 알고 있는 것은 지금 당신이 배우도록 먼저 노력해 보는 것도 좋은 방법이다. 컴퓨터를 모르면 그것을 배워보고 골프가 필요하다면 그 역시 배워본다. 세상엔 내가 모르는 일들이 너무 많다. 은퇴자라고 해서 세상의 이치를 다 깨닫는 것은 아니다. 오히려 더 모르는 경우도 허다하다. 그렇다고 언제까지 뒷짐 지고 살 수는 없는 노릇이다.

이제껏 열심히 회사에 충성했다면 지금은 나와 가족을 위해 노력할 때이다. 아내와는 같이 놀고 자식과는 배움을 공유할 수 있다. 그것이 인생 2막을 얼마나 풍요롭고 아름답게 하는지는 경험해 본 사람만이 알 수 있다. 우리 모두가 재벌이거나 부자이지 않다. 하지만 대부분 가족을 꾸린 사람들이다. 가족 없는 은퇴자는 성공 여부가 상당수 돈으로 귀결된다. 돈은 우리가 세상을 떠날 때 가져가는 것이 아니다. 즉, 지금 인생 2막의 기로에 서서 우리가 명심해야 할 것은 진정 우리가 가지고 가야 할 마지막까지 소중한 것이 무엇이냐는 것이다.

"즐거움을 찾아라. 그 즐거움을 나눠라. 그 순간부터 인생 2막은 정말로 행복해진다."

술, 고스톱 말고도 놀 것은 천지다

"OT 자리에서 선배가 강제로 마신 술을 먹고…"

"모 대학 축제 기간에 '오원춘세트'라는 안주 세트를 팔아…"

대학 신입생 환영회 기간이나 축제 기간에 매년 반복해서 음주 관련 뉴스를 볼 수 있다. 종종 2016년 대학이 맞는지 의심이 들 때도 있다. 이런 문화는 어른들이 물려준 잘못된 문화라 미안한 마음이 있는 것도 사실이다.

다행히 회사 회식문화는 바뀌고 있는 것 같다. 영화 관람이나,

야구장 관람으로 바뀌는 추세다. 하지만 이런 회식문화를 뒷받침하는 놀 곳과 놀거리가 부족하다. 성인 남자 한 무리가 술 한잔했다. 헤어지기가 아쉬운 표정이다. 갈 곳은 3곳밖에 없다. 2차, 노래방, 당구장이다. 당구장에서 당구 못 치는 사람은 구석에 앉아 있어야 한다. 이런 환경이니 술 문화가 발전하는 게 당연한 일인지 모른다. 그리고 놀 것이 또 하나가 있다. 바로 고스톱이다.

나는 직장 시절, 영업 분야를 담당했기 때문에 당연히 고스톱을 할 줄 알았다. 고스톱에 중독될 만큼은 아니어도 최소한 접대용으로 칠 수 있는 실력은 되었다. 생각보다 많은 영업맨들이 접대용 고스톱이나 골프를 할 줄 안다. 또 거기에 많은 시간을 투자하기도 한다.

대한민국 사회는 생각보다 성인들이 놀만한 게 많지 않다. 남자들의 경우 술 아니면 고스톱이 대부분이다. 이런 비좁은 유희문화는 우리 일상에도 상당히 크게 자리 잡아, 남자들의 유희는 곧 먹고 마시고 말초신경을 자극하는 쪽으로만 굳혀진 듯하다. 나 역시도 이런 유희를 이용하고 즐기기도 하며 살아왔다.

하지만 돌아보면 그것은 정말 어리석은 일이라고 생각한다. 사실 논다는 의미를 약간만 다르게 해석해도 범위는 확 넓어진다. 전시를 다니는 것도, 내 지역 스포츠팀 경기를 관람하는 것도, 박물관 순례를 하는 것도 따지고 보면 다 유희이다. 유희는 나를 즐겁게 하는 것이다. 단순하게 즐겁게 하는 것에서 멈추지 않고 내

안의 영혼을 살찌우게 하고 시야를 넓혀주는 것도 유희의 순기능 중 하나이다.

고스톱을 하면서 우리는 쉰다는 생각을 갖지 않는다. 그것은 생각보다 큰 노동이다. 술도 마찬가지다. 한두 시간의 음주는 즐거울지 몰라도 대여섯 시간의 음주는 그것 역시 유희를 벗어나 있다. 더욱이 은퇴자들은 성인 중에서도 나이가 있는 부류들이다. 자신의 몸을 축내며 즐기는 유희가 슬슬 적합하지 않다는 이야기다.

내가 가장 후회하는 것이 바로 이 부분이다. 은퇴 10년 전부터 은퇴를 준비했지만, 그 준비를 1~2년이라도 더 빨리했더라면 하는 아쉬움이다. 스트레스를 풀기 위해 고스톱을 하거나 술을 마시는 대신 지금 즐기는 유희인, 독서나 봉사를 더 일찍 시작했다면 아마도 나의 은퇴 후 삶은 더욱 풍성해졌을지 모른다.

나는 풍선아트나 마술 등 재미있는 기술을 혼자 연습하고 있다. 강의를 위해서이기도 하지만, 무언가를 습득하고 익힌다는 것 자체가 큰 즐거움이기 때문이다. 인간은 생산과 소비에서 둘 다 기쁨을 느낀다. 소비는 즉각적이고 확연히 다가오는 쾌감을 준다면, 생산은 느리지만 오랫동안 은근한 기쁨을 선사한다.

그리고 생산적 유희는 이런 기쁨과 동시에 사회와의 연결성을 더욱 돈독히 해준다. 일본에서 시를 늦게 배운 할머니가 있었다. 아마도 시를 읽는 것이 즐거워서 시작한 유희가 나중에 일본을 감

동시키는 큰일로 바뀌게 된 것이다.

주인공은 시바타 도요다. 1911년 일본 도치기에서 태어난 그녀는 부유한 가정의 외동딸로 자랐지만, 형편이 어려워지자 학교를 그만두고 생계에 뛰어들었다. 20대에 결혼을 했지만 곧 이혼의 아픔을 겪어야 했고, 33세에 요리사 남편과 결혼하여 외아들 겐이치가 낳았다. 시바타의 취미는 일본 무용이었는데, 90세가 넘어 무용을 하는 것이 어려워지자 아들 겐이치는 어머니에게 시 쓰기를 권유했다.

그리고 아들 겐이치는 시바타가 쓴 시를 신문사에 투고하였는데, 이 시는 높은 경쟁률을 뚫고 ≪산케이 신문≫ '아침의 노래' 코너에 실리게 된다. 그 후 2009년, 시바타는 장례비로 모아둔 100만 엔을 첫 시집인 『약해지지 마』를 출간하는 데 사용했다. 당시 그녀의 나이는 98세였다.

이 책은 단번에 일본 베스트셀러에 올랐다. 아마추어의 첫 시집임에도 일본 내에서만 160만 부 판매의 기록을 세우기도 했다. 이 시가 2011년에 발표되었기 때문이다. 당시 일본은 전후 최악의 참사라는 동일본 대지진이 같은 해 3월 22일에 발생했다. 일본 사회는 거의 재기 불능이라 할 정도로 침체되었다. 이때 세간에 화제가 된 시집이 시바타의 『약해지지 마』였다.

98세 할머니가 썼다는 사실과 함께 정적인 태도와 순수한 마음이 담긴 시는 동일본 대지진의 충격으로 큰 슬픔에 빠진 일본인들의 상처를 위로했다. 이후 다른 시집을 내지 못한 채 시바타 도요는 숙환으로 2013년 1월 20일 세상을 떠났지만, 일본 전체가 그날 그녀의 죽음을 애도하는 등 숙연한 분위기였다.

시바타 할머니의 유희는 시였다. 그녀는 시를 쓰는 것이 일이나 직업이라고 생각하지 않았을 것이다. 그것을 통해 어떤 사회적 지위를 얻고자 하지도 않았다. 그저 자기의 생각을 언어로 정리하고 거기에 의미를 담는 것에 만족했을 것이다. 하지만 그런 그녀의 유희는 많은 일본 사람들의 마음을 다독였고, 눈물짓게 했으며 생에 대한 새로운 의미를 갖게 했다.

나 역시 모든 일반적인 소비적 유희를 멈추게 된 계기가 바로 봉사였다. 누군가는 봉사가 어떻게 유희냐고 묻는 사람도 있겠지만, 내가 즐거우면 그것이 유희이다. 노인학교에 가서 그들을 돌보고 요양원에서 몸을 가누지 못한 인생의 선배들에게 노래와 율동을 보여주는 것, 풍선으로 모양을 만들고 신문지로 마술을 보여주는 것, 그 모든 것이 내 삶을 즐겁게 하기에 나에겐 유희이다.

지금은 고인이 되었지만 자기계발 전문가인 구본형을 세상에 알린 책은 『익숙한 것과의 결별』이다. 1954년생인 구본형은 1999년의 다소 젊은 나이에 실직을 하게 된다. 그때 구본형이 경험한 것이 바로 '익숙한 것과의 결별'이었다. 언젠가 본 방송 중에 구본형은 자신의 일상을 소개했는데 매일 새벽 네 시에 일어나서 세 시간씩 글을 쓰고 있다고 했다.

그는 "절대 하루도 빼놓지 않는다"고 말했다. 실직 뒤에 길들인 그의 유희이자 습관인 것이다. 해고의 충격을 구본형은 그렇게 극복했다. 그 결과 그는 약 40권의 책을 써냈다. 그리고 그 책들은 나중에 구본형 변화경영 연구소의 밑바탕이 됐고, 자기계발 전문가로 나서서 14년간 강연활동의 원동력이 되었다.

노는 방법을 바꿔보라. 그러면 인생이 바뀐다. 내가 즐거운 일이 진짜 노는 것이다. 그것을 같이 하게 되면 새로운 인생이 시작된다. 방법을 모르겠다면 전문기관이나 전문가를 찾아가 보자. 앞으로 노는 건 점점 늘어날 것이다. 변화하는 세상에 여전히 술과 고스톱만 찾을 것인가? 그리고 그 문화를 자녀 그리고 손주들에게 물려줄 것인가? 우리부터 변해야지 않을까.

적게 벌고 적게 쓰는 법을 익혀라

신자유시대는 몸값을 올려야 하는 구조다. 누가 더 높은 몸값을 자랑하느냐에 따라 많은 부분이 갈라진다. 오직 몸값으로만 평가하는 잔인한 구조 같지만 개인의 능력을 극대화하면서 물질적 풍요를 가져다준 구조라 할 수 있다. 어쨌든 우리는 그 속에 살고 있다. 많은 은퇴자들이 앞만 보고 자신의 몸값을 높여왔다. 몸값의 정점을 찍으면 남은 건 내려가는 길이다. 그리고 그 몸값마저 주는 곳에서 나오면 보장받듯 시간이라는 선물이 주어진다.

시간은 참으로 오묘한 존재다. 우리는 태어나면서 가져올 수 있는 유일한 자원이 시간밖에 없다. 시간을 잘 활용하면 여러 가지 보장을 받지만 활용하지 못하면 낭패를 보게 된다. 많은 은퇴자들이 시간이라는 자원 때문에 고민한다. 현역에 있을 때는 시간이 부족해 고민했다면 이젠 시간이 남아서 고민이다. 더욱이 시간자원과 돈을 교환했기에 돈이 부족해지는 경우를 보게 된다. 마음은 급해지고, 시간을 어떻게 활용할 줄 몰라 더더욱 급해진다.

은퇴자들이 종종 나에게 이렇게 물어올 때가 있다.

"어떻게 하면 하루가 빨리 가나요?"

대부분은 은퇴 전 직장에서 간부의 자리에 앉아 있던 사람들이다. 퇴직금도 있고, 연금도 받지만 정작 그들의 삶은 공허하기 때문에 이런 질문을 한다. 처음엔 부부동반 여행도 다녀보고 등산도 하지만, 마음 한 켠에는 '앞으로 어떻게 살아야 하나'라는 질문이 따라다닌다고 한다.

맞는 말이다. 사람에게 일이 없다면, 그 사람은 행복하지 않다. 자신의 존재 여부가 사회 속에서 점점 사라지는 고독감과 무기력함에 시달리게 된다. 이런 사람들은 보고 듣고 느끼는 즐거움이 온전히 자신에게 전달되지 않고 중간에 새어니가 버린다. 한 가지 더, 이들 대부분은 경제적 생활에 대한 불안감이 크다.

대한민국 대부분의 직장인들은 노후 준비를 제대로 하지 못하고 있다. 사회생활을 통해 번 돈은 가족과 아이들의 교육에 다 들어가고, 그러면서도 제대로 누리지 못하는 경우가 많기 때문에 대부분 노후는 미뤄두기 바쁘다. 그러다 은퇴에 직면하게 되면, 자신에게 닥쳐 온 현실에 큰 좌절을 느끼게 되곤 한다. 나는 그런 사람들에게 이렇게 말하고 싶다.

"적게 벌고 적게 쓰는 법을 익혀라."

사실 은퇴자들은 생활하는데 그렇게 큰돈이 들어가지 않는다. 아이들은 이미 분가했거나 사회생활을 하고 있는 경우가 많고 예전처럼 활발히 사회생활을 하는 것도 아니기 때문이다. 건강상의 이유도 있기 때문에 야외 활동을 그리 활발하게 하지도 못한다. 결론적으로 지출이 예전보다 많이 줄어든다는 이야기다.

하지만 지출이 줄어든다고 해서 벌이가 아예 없다면 그것도 문제겠다. 경제적 이유는 둘째치고 그럴 경우 자신에 대한 무기력함이 시간을 멈춰버리게 하기 때문이다. 내가 권하는 방법은 간단하다.

"주민센터에 가보세요."

주민센터에 가서 은퇴자라고 밝히고 지역 환경미화 봉사를 신청하면 가마니와 집게를 줄 것이다. 슬슬 산책하듯 한 바퀴 돌면서 휴지를 주우면 채 3시간이 되지 않아 꽉 찬다. 이것을 들고 주민센터에 가면 1만 원의 현금을 준다. 이 1만 원은 생활을 위한 돈이 결코 아니다. 내가 무언가를 할 수 있다는 의미의 돈이다.

기업의 중견직을 그만두고 나서 이런 것을 하는 것은 부끄럽다는 분도 있다. 내가 사는 곳의 미화를 위해 봉사하는 것이 뭐가 부끄러운가? 그런 부끄러움을 갖기엔 사회는 이미 우리에게 한발 멀리 있다. 약간의 수고와 땀을 흘리며 보람도 덤으로 갖게 되는 작은 일이다. 무엇보다 이렇게 몸을 쓰는 일을 하다 보면, 무기력감이 사라진다. 그리고 그 사라진 자리에는 '내가 다른 무엇도 할 수 있지 않을까?'라는 생각이 자리하게 된다.

마음은 흔히들 거울로 표현한다. 은퇴자들의 마음은 여러 가지로 얼룩져 있다. 사회생활을 할 때는 일을 하고 움직이기 때문에 좀처럼 얼룩이 지기 쉽지 않지만, 시간이 늘어난 은퇴자들은 그 얼룩이 차오르는 것을 느낄 수 있다. 이럴 때 가장 좋은 방법은 '내가 세상에 아직도 도움이 되는 사람'이라는 것을 스스로에게 인식시켜주는 일이다.

이런 작은 일을 추천하는 이유가 한 가지 더 있다. 은퇴자들 중 상당수는 퇴직금을 가지고 어떤 일을 해보려는 사람들이 많다. 많은 생각과 고민 속에서 선택하겠지만, 잘못된 선택으로 가지고 있는 돈마저 날리는 경우도 우리는 심심찮게 볼 수 있다. 그러니 사업을 시작하기 전 한 번쯤 이런 작고 단순한 일에 자기의 시간을 투자해 보길 바란다.

1만 원의 중요성과 몸을 움직여 가장 낮은 곳에서부터 경험해 보는 땀방울의 맛을 알아가면, 결코 어떤 결정도 쉽게 내리지 않게 된다. 통장에 있는 100만 원은 쉽게 쓸 수 있지만, 내가 일해서 바로 받은 1만 원은 그리 쉽게 쓰지 못한다. 그 작음이 가지고 있는 큰 의미가 소비를 자제하기 때문이다.

『청소력』이라는 독특한 제목을 가진 책을 쓴 마쓰다 미쓰히로는 자신의 노후를 견딜 무언가를 찾은 좋은 사례라고 할 수 있다. 사업가였지만 큰 실패를 맛본 그는 1년여간의 타의에 의한 은퇴생활이자 폐인생활을 보냈다. 그렇게 의미 없는 삶을 보내다 어느 날 문득 이렇게 살면 안 되겠다는 결심을 하고 집 안 청소를 시작한다. 그렇게 청소만 세 시간을 한다.

한참 땀을 흘린 뒤 그의 주변 환경은 무척이나 깨끗해졌다. 그러자 비로소 다시 열심히 살고 싶다는 생각이 들었다고 한다. 그는 다음 날 청소용역업체를 하는 친구의 회사에 나가 청소부로서 인생을 시작하며 청소에 관한 책을 써서 성공한 삶을 살고 있다. 현재 1년여간 11종의 청소예찬론을 담은 책을 펴내며 과거 전성기 때보다 더욱 활발하게 살고 있다.

그의 책을 읽어 보면 탄복할만한 이야기가 많다. '행복한 자장(磁場)을 만드는 힘'이란 부제가 붙은 꼭지에는 눈에 보이는 것을 치우는 청소의 개념을 우리의 인생에 접목시켰다. 마쓰다 미쓰히로는 우리의 마음 상태와 우리의 방은 서로 영향을 주고받아서 자장을 만들어 낸다고 강조한다. 그래서 사업의 번영, 행복한 가정, 꿈의 실현, 일의 성취 등 각종 고민거리들을 깨끗이 청소하면 인생 자체가 바뀐다고 말한다. 청소 하나만으로 인생이 바뀌는 것이다.

사실 인생을 바꾸는 것은 엄청난 일들이 아니다. 물론 엄청난 일 속에서 삶의 전환점을 맞는 경우도 있다. 그러나 대부분의 사람들은 그런 경험을 하기 힘들다. 가장 간단하게 삶에 영향을 주는 것은 몸을 써서 일을 하는 것과 자신의 눈에 가장 가까운 환경을 변화시키는 것이다. 마쓰다 미쓰히로는 자신의 방을 청소하면서 인생을 바꿨다.

사는 지역 주변을 청소하면서 인생을 바꿔보라. 아무것도 안 하는 것보다 작은 일이라도 시작하는 것이 삶을 더 풍성하게 만든다.

적게 벌고, 적게 쓰는 법을 익히기 위해 몇 가지 습관을 점검할 필요가 있다. 이 습관은 은퇴 후 1인 기업 또는 재취업을 할 공백기에 든든한 습관이 될 것이다.

첫 번째는 쾌락소비습관을 점검할 필요가 있다.

순간의 즐거움을 위해 돈을 쓰는 경우가 있다. 주기적으로 돈이 들어온다면 지장 없지만 그렇지 않다면 바꿔야 한다. 하지만 습관은 쉽게 바뀌지 않는다. 현역에 있을 때 연습해두자. 스트레스를 푸는 과소비, 과시용 경조사비, 이유 없는 한턱 등이다. 쾌락소비가 무엇이 있는지 점검하고 다른 것으로 푸는 게 좋다.

두 번째는 궁색이 아닌 절제라는 걸 기억하자.

적게 쓰라는 뜻은 궁색하라는 뜻이 아니다. 궁색과 절제의 차이는 인간관계로 알 수 있다. 궁색하면 사람이 떠나지만 절제는 서로 합의해 덜 쓰는 방법을 연구하는 관계다. 인간관계마저 깨뜨리는 궁색은 피하라 말하고 싶다.

호기심이 있어야 놀 줄 안다

　사람마다 타고난 기질이 있다. 그 기질에 맞춰 살아가는 것은 아니지만, 그래도 기질에 따른 삶을 사는 경우가 상당하다. 그런 기질이 변하게 되는 것은 환경이다. 자신의 주변 환경에 따라 인간은 변하기 마련이다. 또 하나 인간을 변하게 하는 것은 바로 배움이다. 나는 신문 읽기를 좋아한다. 치매 예방도 되거니와 거기서 세상을 볼 수 있기 때문이다. 덧붙여 새로운 것에 대한 이야기를 통해 호기심이 자극되는 것을 느낄 수 있어서다.

은퇴자의 인생은 2막이기 때문에 구속당하지 않는 삶이라고 할 수 있다. 평생의 목표였던 출세나 아이들의 교육 등에서 한발 벗어난 삶이다. 그렇다면 이제껏 충족시켜 오지 못했던 배움을 충족시킬 수 있는 시간이 왔다는 뜻으로도 해석할 수 있을 것이다. 여기서 혹자는 묻는다.

"무얼 배워야 하는지 모르는 경우는 어떻게 합니까?"

답은 간단하다. 호기심을 가지면 된다. 호기심은 배움에 대한 마음의 상태이자 배움의 전조가 된다. 호기심이 많은 사람들은 작은 일에 대해서도 질문을 아끼지 않은 경우가 많다. 그 때문에 다른 사람보다 더 많은 것을 알게 된다. 그들은 이런 식으로 자신의 지식을 보강하고 삶의 경계선을 확대시킨다.

영업 지침서 등의 자기계발 베스트셀러를 쓴 데이비드 프리맨틀은 "호기심은 열린 마음과 가깝다"고 말한다. 데이비드는 "닫힌 마음의 소유자에게는 호기심이 없다. 호기심이 없다면 새로운 것을 시도하려는 마음조차 들지 않으며, 이미 자신들이 모든 것을 갖췄다는 자만심과 교만으로 가득 차 있다"고 강조한다.

나 역시 호기심은 발견과 배움의 출발점이라고 생각한다. 새로운 것만이 아니라 우리가 무심코 지나쳤던 것들 중에서도 새로운 경험과 즐거움을 발견할 수 있고 이를 통해 배울 수도 있다. 자신이 모든 것을 다 안다는 교만에 빠져 있으면 호기심이 생기지 않는다. 아울러 호기심은 나의 관심을 어떤 것에 내주는 것이다.

내가 관심이 없다면 아무리 새로운 것이라도 눈에 들어올 리 없다. 따라서 내가 먼저 사람과 사물에 관심을 갖고 탐구하고 습득하려는 마음이 있어야 호기심도 나오기 마련이다. 델 컴퓨터의 창업자인 마이틀 델은 "항상 호기심을 찾아다녔기에 거대한 성공을 거둘 수 있었다"고 입버릇처럼 말한다. 델뿐만 아니라 유명한 위인들의 대부분은 호기심이라는 공통점을 가지고 있다.

자신의 위치에서 주변에 대한 관심을 갖고 호기심을 통해 의문을 다시 스스로에게 제기해 보라. 그렇게 되면 의문을 풀기 위해 관련 서적을 찾아보게 될 것이고 나아가 그 분야의 전문가를 검색하고 직접 체험까지 하게 되는 놀라운 현상을 맛보게 될 것이다. 일이 잘못됐을 때도 호기심은 유용하다. 단순히 그 일을 무마하는 것을 넘어서 호기심은 그렇게 된 원인과 이유에 접근토록 하게 한다.

결국, 호기심이란 자신의 일을 대하는 태도이자 마음가짐이라는 것이다. 덧붙여 창조적 역량의 근간에도 호기심은 작용한다. 인생 2막이야말로 이런 창조적 역량이 요구된다. 나는 이런 창조적 역량을 가지기 위해 3가지의 자세를 권한다.

첫째, 큐너지(Cunergy)를 갖춰야 한다. 호기심(Curiosity) + 에너지(Energy)를 뜻하는 합성어다. 새로운 것, 모르는 것, 알고 싶어 하는 호기심과 강력한 행동을 만들어 낸 열정 에너지가 있어야 창조의

불꽃을 피울 수 있다는 것이다.

둘째, 아하 빌딩(Aha Bulding)을 세워야 한다. 전문지식과 더불어 경험이 필요하다는 이야기이다. 이는 관찰능력과 체험이 사물을 다양하게 보고 해석하는 능력을 키울 수 있는 토대가 되면 이는 곧 대상에 대한 감정이입능력을 발전시킬 수 있다.

셋째, 상상(Imagination)을 해야 한다. 원하는 것을 떠올리는 이미지 훈련은 창조적 행위의 기본이다.

세계적 패스트푸드 업체 KFC의 설립자 커넬 할랜드 샌더스는 여섯 살이라는 어린 나이에 아버지를 잃고 가장이 되어 생계를 위해 여러 가지 일을 하기 시작했다. 거리에서 꽃이나 과일을 팔기도 했고, 나이 들어서는 철도 소방원, 보험 세일즈맨, 유람선 청소부, 식당 종업원 등 안 해본 일이 없었다.

골프존유원홀딩스 김영찬 회장이 있다. 시가총액 1조 원을 최단기간 돌파한 회사로 유명하다. 더 유명한 건 김영찬 회장이 은퇴 후 사업을 시작했다는 점이다. 스타트업 기업에 희망 같은 존재다. 삼성전자에 시스템사업부에서 퇴직하고 5,000만 원으로 스타트업을 시작했다. 처음에는 은퇴자금도 마련하고 즐겁게 일하고 싶은 마음에 호기심 가는 아이템을 찾는다. 바로 골프였다. 김 회장은 골프를 사랑했고, 호기심이 강했던 분야다. 그리고 경력을 쌓은 네트워크서비스, 정보통신 분야를 결합시키기로 했다. 그렇게 탄생한 것이 바로 스크린골프다.

골프와 네트워크서비스 그리고 정보통신 분야의 결합은 쉬운 일이 아니다. 미국에 스크린을 활용한 비슷한 기술이 있었지만 어디까지나 드라이버 속도를 점검하는 차원이었다. 김 회장은 스크린골프처럼 하나에서 열까지 점검해주고 즐거움까지 선사하는 기술은 아니었다. 자금난에 허덕이며 2년간 개발에만 열중한다. 호기심 가고 좋아하는 일이기에 가능했을 것이다.

좋은 제품을 만들었지만 문제는 홍보였다. 작은 기업에 홍보팀이나 영업팀을 둘 수 없었다. 고심 끝에 박람회에 참가한다. 박람회에서 직접 시범도 보이고 바이어들과 면담을 한다. 열정이었을까. 스크린골프가 차츰 알려지면서 프랜차이즈로 스크린골프장이 생기기 시작했다. 정부 역시 골프 대중화를 위해 힘쓴 시기였다. 그렇게 1조 원의 스타트업 신화가 탄생되었다.

김영찬 회장이 골프존을 창업한 2000년은 많은 전자제품 매장과 휴대폰 매장 창업 열풍이 불었던 시기다. 김 회장은 열풍보다 자신에게 집중한 것 같다. 호기심 가고 제대로 즐길 줄 아는 분야를 찾아, 어려운 스타트업 길을 간 것이다. 김 회장이 골프를 단순 스포츠나 교류 차원으로 생각했다면 골프존은 존재하지 않았다. 호기심을 갖고 끊임없이 진화시켰기에 지금의 모습이 있다.

노는 모습은 천차만별이다. 호기심이 있어야 제대로 놀 수 있다. 그리고 그 속에서 또 다른 길을 찾을 수 있다. 은퇴 전 자신이 관심 가는 것을 찾아라. 그렇다면 놀 거리를 찾을 수 있다.

호기심 가는 분야를 찾기 어렵다면 다음 질문에 답해보자.

첫째, 직장과 가정을 제외하고 가장 많이 보내는 장소는 어디인가?

둘째, 업무를 제외하고 자주 만나는 사람의 직업은 무엇인가?

셋째, 같은 분야 책을 10권 이상 읽었다면 어느 분야 책인가?

넷째, 외부교육이나 외부강의를 참석했다면 주로 어느 분야인가?

직장 그리고 직장과 관련된 사람을 제외하고 한 달을 천천히 돌아보면 알 것이다. 자신이 좋아하는 분야나 호기심 가는 분야가 무엇인지 말이다.

3

노는 법을 배워
2막을 열었던
6인 6색

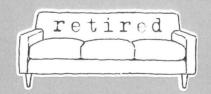

배움으로 놀다 보니 은퇴전문가가 되었네

행복한 은퇴연구소장 전기보

'이순(耳順-60세)이 넘어 고등학교 검정고시를 합격한 최 할아버지는 배움에 한(恨)이 있어 연필을 잡았다…'

이러한 뉴스는 30년 전만 해도 신문에서 종종 볼 수 있었다. 사람들은 평생 배움을 실천한 인간승리라며 최 할아버지를 칭찬했다. 지금은 60세에 공부를 시작하는 것은 명함을 내밀지 못할 정도로 보편화되었다. 그만큼 평생학습이 인지되었고 고령화가 익숙해진 탓이다. 10년 전에는 '노인대학'이란 이름을 흔히 볼 수 있었다. 지금은 몇몇 곳을 제외하고 노인대학이란 이름보다 평생학습 기관으로 명칭이 바뀌고 있다. 과거 보편적으로 생각했던 노인의 기준이 바뀌면서 노인대학도 젊게 변신하고 있다. 이처럼 노인에 대한 인식 변화에는 '평생 배움'이란 키워드를 낳고 있다.

'한 개의 자격증이 열 학위 안 부럽다'

운전을 하다 우연하게 본 현수막의 글씨이다. 알고 보니 간호조무사 모집 광고였다. 요즘 이처럼 평생 배움의 중요성이 커지면서 덩달아 자격증의 중요성도 커지고 있다. 어정쩡한 학위보다 확실한 자격증 하나가 도움이 되는 세상이다. '빨간 구두'로 유명한 전기보 행복은퇴연구소 소장이 그러하다. 전문분야를 제대로 파악하고 필요한 자격증을 은퇴 전에 취득했다. 그리고 자신의 미래를 그려 나갔다. 거기에 퍼스널브랜딩을 위한 특이한 소품까지 갖추며 대한민국 은퇴전문가로 바쁜 나날을 보내고 있다.

KBS 프로그램 '아침마당'에 빨간 구두를 신은 전기보 소장이 등장했다. 빨간 구두 하나만으로 시청자들을 사로잡았다. 어지간한 스타일리스트 아니면 빨간 구두를 소화해내지 못한다. 하지만 전 소장은 사연스럽게 그 빨간 구두를 자연스럽게 소화했다. 그는 은퇴전문가로서 은퇴에 관한 이야기를 이끌어나갔다. 스타 은퇴전문가가 탄생하는 순간이었다. 사회자는 빨간 구두 신은 이유에 대해 물었다. 그러자 그는 "우리 나이에도 어떤 일이든 가능하다는 점을 보여주고 싶다"고 했다. 베이비부머 세대에게 희망을 주고 싶다는 것이다. 전 소장은 한쪽은 전문분야와 자격증, 한쪽은 퍼스널 브랜드라는 양 날개를 갖춘 사람이다.

> "돈을 모으는 것에 스트레스 받지 말고 10년 앞을 내다보며 인생 2모작, 3모작을 이끌어 나갈 기술을 배워야 합니다."

전 소장이 언론 인터뷰에서 한 말이다. 인터뷰 내용처럼 그는 교보생명에 23년간 근무하며 VIP 고객 자산관리 담당 상무까지 오른다. 정점에 올라가면 내려와야 하는 게 순리지만 그는 정점에 있을 때 은퇴 준비를 생각하지 못했다. 다행히 배움을 즐거워했다. 45세 때 국제공인 재무설계사 자격증을 취득해 놓았다. 다행히 이 자격증은 훗날 '전&김 웰스펌'이란 자산관리, 투자, 창업 컨설팅회사를 만드는 바탕이 되었다.

사람들은 필자에게 종종 묻는다. "자격증을 꼭 취득해야 하나요?"라고 말이다. 물론 자격증을 취득했다고 전문가가 되는 것도 아니고, 고객이 구름같이 몰려오는 것도 아니다. 하지만 시작의 단초는 된다. 시작을 해야 전문가가 될 수 있고, 시작을 해야 2막을 열 수 있다. 만약 전기보 소장이 자격증을 취득하지 않았다면 컨설팅 기회가 있었을까.

'열린사이버대학교' 학과장이 된 것도 비슷하다. 재직시절 대학원에서 경영학 박사학위를 취득했기 때문에 5년 교수로 활동할 수 있었다. 필자 입장에선 전 소장의 배움은 '놀이'라고 본다. 배움의 끈을 놓지 않은 것만 보아도 그러하다.

그에게는 또 다른 배움 놀이가 있다. 바로 사진 찍기다. 그는 사진 찍기를 단순 취미로 하지 않았다. 동호회를 다니며 철저히 배웠다. 배운 기술을 중국 오지, 남미, 유럽지역을 여행하며 찍었다. 그리고 그룹전 4차례, 개인전 3차례를 가졌다. 전시작 중 한 작품은 500만 원에 팔리기도 했다. 그는 배웠다면 제대로 배우고 그것을 수입원으로 만들어내는 능력이 탁월한 사람이다. 물론 배움 자체를 놀이로 생각했기 때문에 가능했을 것이라 믿는다.

그런 전 소장은 은퇴 전 미리 아내의 협조를 받으라고 강조한다. 그 결과가 부부가 함께 운영하는 '술 빚는 전가(全家)네'를 할 수 있었다. 지금 그는 아내와 함께 가양주(家釀酒) 양조장과 주막을 운영하고 있다. 61세 환갑기념 때는 '육십일도'라는 증류주를 만드는 등 가양주의 새 지평을 열어가고 있다. 그것은 아내의 협조와 관심이 있었기에 가능했다. 술 빚는 전가네는 술 말고도 우리나라 전통 음식 교육을 하는 교육기관으로도 거듭나고 있다.

언론과의 인터뷰에서 그는 금융회사 상무로 차도 나오고, 비서도 있고, 법인카드도 받아쓰던 남부럽지 않은 자리였는데 49세에 느닷없이 회사를 떠나야 했던 참담함을 잊지 못했다고 말했다.

"갑작스러운 퇴직에 대비해 취득했던 국제공인 재무설계사 자격증을 갖고 컨설팅과 교수 취업으로 위기 탈출을 하고 오늘에 이르렀습니다. 남의 지배를 받지 않고 일을 하다 보니 정신적 안정과 자유를 느낍니다. (중략) 양조인, 컨설턴트, 강사, 방송인, 사진작가로 활동하는 것이 자랑스러워요."

이러한 모습은 은퇴자들이 꿈꾸는 모습이 아닐까. 1막 때보다 정신적으로 안정되면서 자유도 있고, 수입도 있는 모습 말이다. 물론 공짜는 없다. 자격증 취득과 '빨간 구두' 별칭을 얻기 위해 공들인 퍼스널브랜딩 작업까지 열정적으로 달려왔다.

기능인에게 주어진 최고의 영광은 '기능장'이란 자격증이다. 지인 중 은퇴 전 전기기능장과 직업능력개발훈련교사 자격증을 취득한 사람이 있다. 지금은 은퇴 후 직업전문 학원에서 강사로 살고 있는데 월급은 과거에 비해 부족하지만 교육생이 좋은 곳에 취업을 하면 덩달아 춤을 춘다. 작년 스승의 날 취업한 교육생이 찾아와 케이크 사주었다고 자랑을 했다. 1막은 가정을 위해 일했다면 2막은 사회를 위해 일한다는 자부심이 대단했다.

전기보 소장이나 지인이나 과거 경력에서 접점을 찾고 배움을 이어나간 인물이다. 이 세상에 우연은 많지 않다. 우연히 다른 직업을 찾게 되고, 우연히 귀인이 나타나 나를 구원해주지 않는다. 스스로를 구원해야 한다. 구원하는 몇 안 되는 길은 '배움'에 있다. 과거 경력에서 접점을 찾아 누구나 인정하는 증거를 만들어라. 증거들이 모이면 길이 확장된다. 은퇴 전 놀 거리를 만드는 일 역시 증거를 미리 확보하는 것이 은퇴 준비의 첫걸음이다.

다음은 자격증 또는 각종 증거를 만드는 방법이다.

첫 번째, 공인된 곳에 관심을 가져라. 한국산업인력공단에 운영하는 큐넷(Q-net), 공인을 받은 민간자격협회 등 과거 경력의 접점 분야에 공인된 곳이 있다. 관심을 갖길 바란다. 통상 매년 1월이면 당해 시험일정이 나온다. 자격증 왕을 자랑하는 지인의 경우 일정을 프린트하여 계획을 짜고 시험 준비에 들어간다. 결국 관심 차이다. 관심을 가져야 기회도 주어진다.

두 번째, 정확한 목적을 가지고 취득해라. 어떤 것이든 배우면 좋다고 하지만 제대로 된 목적 없이 배운다면 거품일 뿐이다. 확실한 목표 또는 활용 계획을 가지고 배운다. 취미로 배울 거면 취미로 끝내라. 목표설정이 어렵다면 그 일을 하고 있는 선배를 목표로 하면 된다.

배움으로도 충분히 놀 수 있다. 배움이 재미있는 사람은 축복받은 사람이다. 하지만 묻지 마식 배움은 시간과 비용을 낭비한다. 과거 경력에서 접점을 찾아 증거가 될 것들을 만들어라. 증거들이 확장되면 은퇴 후 2막을 여는 데 기회를 줄 것이다.

말과 글로 놀이를 준비했다

창의경영연구소장 조관일

같은 기간, 같은 회사에서 같은 일을 하는 A와 B가 있다. 10년 동안 두 친구를 관찰해 보니 확연하게 다른 모습으로 살아갔다. A는 처리속도만 빨라졌을 뿐 달라진 것이 없었다. B는 문제해결능력까지 겸비하며 예비경영자 교육을 받고 있었다. 그 차이는 무엇일까.

A는 당연한 걸 당연하게 생각하고 일했지만, B는 당연한 것에 의문을 갖고 일했다. 의문은 개선으로 이어지고 개선이 쌓이면서

문제해결능력까지 겸비되었다. 문제해결능력은 하루아침에 생기는 능력이 아니다. 그래서 우리는 문제해결능력이 있는 사람을 '전문가'라 부른다. B는 전문가 반열에 오른 것이다.

단순한 이야기지만 우리 주변에서 의외로 많이 볼 수 있는 상황이다. B는 작지만 혁신을 추구했던 사람이다. 혁신을 위해서는 극복해야 하는 말이 있다. 바로 "내가 해봤는데, 안 돼"이다. B는 선배들의 이 말과 끊임없이 싸워 이긴 존재이다. B는 당연한 것에 의심을 보내는 눈과 그것을 개선하기 위해 끊임없이 학습하여 성공할 수 있었다.

"투자 없이는 노후도 없다."

이 말은 창의경영연구소 조관일 대표의 말이다. 조 대표는 농협 직원으로 시작해 대한석탄공사 사장, 강원도정무부지사, 한국강사협회회장까지 한 입지전적인 인물이다. 화려한 경력과 달리 그는 평범한 농협창구직원이었다. 그리고 스스로 평가하기를 조직문화에 반발하여 뛰쳐나갈 용기도 없고 농협만 한 직장도 없다고 생각했었다고 말한다. 하지만 가슴 뛰는 삶을 열망했고 모두가 당연한 것에 의심을 보내기 시작했다. 퇴근 후 고스톱 문화였다.

농협에 합격하고 지방에서 근무를 시작하며 도시와 달리 지방은 업무가 많지 않아 퇴근시간도 빨랐다. 당시 '자기계발'이란 단어조차 생소한 시기였기 때문에 그 역시 퇴근 후 동료들과 고스톱을 하며 시간을 보냈다. 하지만 시간이 쌓여갈수록 재미로 시작한 고스톱이 과격해지고, 고스톱을 치지 않으면 주류세력에서 빠진다는 불안감마저 들었다.

어느 날 고스톱에 열중하는 선배의 모습을 보고 충격을 받는다. 스무 살 이상 나이 많은 선배는 곧 정년을 맞는데 그동안 퇴근 후 주로 고스톱만 쳤다. 일순간 선배의 모습에 20년 후 자신의 모습으로 투영되었다. 고스톱 치는 무리, 그들과 같은 길을 걷고 있기 때문에 미래도 정해졌다는 생각이 문득 들었다.

조 대표는 그 자리에서 결단을 내리고 고스톱을 끊어버린다. 저서『직장을 떠날 때 후회하는 24가지』에는 당시 고스톱 끊은 게 자랑스럽다고 말한다. 무리에 벗어났고, 독자적인 길을 나선 '터닝 포인트'라고 자부하기 때문이다. 이후 그는 무엇으로 독자적인 길을 갈 것인가 고민 끝에 '친절과 서비스', '고객 만족 경영'을 연구하기 시작한다.

지금이야 퇴근 후 자기계발이 흔하지만 당시로는 혁명적인 일이었다. 그는 선배가 열심히 고스톱을 치는 모습에서 암담한 미래를 보았다. 당연한 것에 의심을 보내고 다른 길을 찾기 시작했던 것이다. 다른 길로 출발했지만 방법에 대해서는 잘 몰랐다. 정보도 부족했고, 알려줄 선배도 없었다. 의지는 있지만 하루하루 쳇바퀴 도는 것 같은 나날의 연속이었다.

그는 우연히 책을 써보자는 마음을 먹게 된다. 고스톱 끊고 배우고 싶었던 '친절과 서비스'로 원고를 쓰기 시작한다. 한편 단단한 의지를 다지기 위해 친구 앞에서 의도적으로 선포를 한다.

"나는 친절 서비스의 최고 전문가가 되기로 결심했다. 서비스 이론을 본격적으로 연구하여 좋은 책을 쓸 작정이다. 이 분야에서 최고의 책을 쓸 것이다. 그래서 유명해질 것이고 서울로 갈 것이다."

30대 초입에 들어선 남자의 다짐이었다. 하지만 이야기를 듣던 친구가 반론을 제기한다. "글쎄, 그게 될까? 서울에 가면 일류 호텔이나 백화점, 항공사 등 최고의 서비스를 제공하는 곳이 얼마나 많냐? 그런 곳에는 이론 무장이 잘된 전문가도 많을 거고, 또한 일류대학의 경영학과 출신이나 심지어 유학을 다녀온 사람들도 있을 거다. 그런데 농협 직원이, 그것도 지방 농과대학을 나온 사람이 서비스를 연구한다면 누가 인정해줄까?"

돌아온 친구의 대답은 한마디로 "꿈 깨!"라는 말이었다. 조 대표의 목표는 옆에서 보기에는 무모하고 버거운 목표로 보였던 것이다. 하지만 그는 집필을 시작한 8개월 만에 우리나라 친절과 서비스 문제를 본격적으로 다룬 최초의 책『손님 잘 좀 모십시다』를 출간하게 된다. 이때가 1983년의 일이다.

나비효과라고 했던가. 첫 책을 시작으로 지금은 50여 권이 넘는 책을 집필하고 있다. 그에게는 '대한민국의 데일 카네기'라는 멋진 수식어가 따라다닌다. 그는 첫 출간 이후 농협에서 서비스 관련 교육을 담당하게 된다. 그래서 그는 당시 개념도 생소한 스피치 기술을 익히며 말과 글 실력을 쌓아갔다. 그리고 30년 넘게 농협에 일하며 끊임없는 자기계발로 농협협동조합중앙회 상무로 직장생활을 끝낸다. 지금은 상당한 고가의 몸값을 자랑하며 전문강사로 활동 중이다.

조관일 대표는 "말과 글에 많은 빚을 지었다"라고 말한다. 평범한 자신을 끌어 올린건 말과 글이라는 이야기다. 우리는 지금 지식사회를 넘어 창의사회에 살고 있다. 머리와 가슴 속에 있는 창의를 끄집어내야 한다. 머리와 가슴이 아무리 창의적이라고 해도 표현하지 않으면 아무도 모른다. 창의를 표현하는 방법은 말과 글뿐이다. 조관일 대표는 직장인 시절 말과 글의 중요성을 알고 철저히 연습했던 것이다. 실전경험을 직장에서 한 것이다.

직장은 우리에게 너무나 소중하다. 생계해결은 물론 사회관계 형성, 자아실현까지 해준다. 나 역시 1인 기업을 선포하고 나서 직장의 소중함을 하루하루 깨닫고 있다. 가까운 거리라도 교통비부터 밥값, A4용지까지 다 내 주머니에서 나간다. 가장 크게 느끼는 것은 직장을 떠나면 작은 실수를 용납되지 않는다는 것이다. 직장 안에서 실수하면 "너, 그거 교육비야." 말하고 넘어갔지만 1인 기업은 아니다. 계약을 끊으면 그만이다.

"직장에 있을 때 많은 걸 활용해라."

은퇴 전 후배들에게 자주 하는 말이다. 고용계약서에 있는 내용만 충실하게 지켜 일하면 된다고 하지만, 회사는 분명 엄청난 기회를 준다. 조관일 대표 역시 이 점을 알고 있었다. 직장에서 무수한 콘텐츠를 개발했고, 은퇴 후 그것을 잘 활용하고 있는 것이다. 그 시작은 말과 글에 관심을 가지면서였다.

직장에서 말과 글로 놀기 위해 어떻게 해야 할까. 지금부터라도 우선 말과 글의 무서움에서 벗어나 보자. 특히 글에 대한 무서움 말이다. 우리는 보고서를 쓰고, SNS에 자주 글을 올리고 있다. 쓰기 행위를 매일 하지만 이상하리만큼 글쓰기를 무서워한다. 나 역시 처음에는 글쓰기가 무서웠다. 하지만 다행히 블로그를 운영하면서 극복되었다.

마음만 먹으면 누구나 SNS를 쉽게 할 수 있는 세상이다. 제안하고 싶은 것이 있다면 SNS에서 전문분야를 찾아 글로 올려보자. 처음부터 어렵게 글을 쓸 필요 없다. 인터넷신문 기사를 링크 걸어놓거나 나의 생각을 간단히 기록해 놓으면 어떨까. 이 기록이 조관일 대표처럼 책이 될 수 있고 훗날 나의 수입원이 될 수 있지 않을까.

수집으로 시작해 2막을 일구다

음반 수집가 정창관

은퇴 후 순조롭게 2막을 연결시킨 사람들은 현직에 있을 때 네 가지 중 하나를 준비했다.

첫째, 기술과 손재주 계발

둘째, 타의 추종을 불허하는 수집

셋째, 특정 분야의 깊이 있는 공부

넷째, 공인된 자격증, 학위 취득

사실 네 가지 중 하나라도 만만한 것은 없다. 그렇지만 취미나 놀이로 연결시킨다면 이야기는 달라진다. 최근 '내 손으로 집 짓기'가 유행이다. 관련 교육회사도 많이 생겨나고 있다. 기술과 손재주 계발로써 집짓기 놀이를 한다면 2막을 여는데 유리할 것이다.

타의 추종을 불허하는 수집 역시 취미와 연관된다. 프라모델 매장을 운영하는 사람이 아니면 대부분 취미로 프라모델을 수집한다. 취미로 시작하여 인터넷 판매로 수익이 난다면 은퇴 후 2막을 열 수 있다. 지금 소개할 음반 수집가 정창관 씨가 그런 사람이다.

"취미가 직업이 되려면 전문가 수준이 되어야…."

어느 언론과의 인터뷰에서 전창관 씨는 취미와 직업관계를 깔끔하게 정리했다. 즉, 전문가 수준은 되어야 한다는 게 그의 지론이다. 그는 현재 '정창관의 국악음반 세계'를 운영하고 있다. 현재 직업을 생각하면 음악 관련 일을 했을 것이라 생각할 수 있지만, 그는 HSBC은행 부지점장으로 명예퇴직을 한 금융인이다. 그는 금융인으로 일하면서 타의 추종을 불허할 정도로 음반을 수집했다. 군에서 제대하고부터 클래식을 듣기 시작했다. 보통 한 달에 40~50상씩 음반을 구매했다. 10년간 모으니 3천여 장이 되었다. 또한 유명한 오케스트라의 내한공연은 빠짐없이 따라나녔다. 특히 지휘자 로린 마젤, 유진 올만디 같은 거장에게서 사인까지 받을 정도로 클래식 사랑은 대단했다.

그런 그가 우연한 계기로 국악의 세계에 심취한다. 1987년 10년간 클래식 음반을 구매하다 판소리를 들어보고 싶어 종로3가 음반점을 모두 뒤졌지만 국악음반은 총 5종류밖에 없었다. 그 당시 음반제작사들은 '국악음반은 돈이 안 된다'고 생각하여 만들지도 않았다.

"서양 고전음악은 넘쳐나는데 우리 음악을 들을 수 없다는 것이 상당한 충격이었습니다."

그는 언론과의 인터뷰에서 당시 상황을 이야기했다. 은퇴 후 2막을 열 때 돈도 벌어야 하지만 1막과는 다른 사명이 있어야 한다. 1막은 가정을 유지하기에 바빠 인생의 사명을 챙기지도 못했지만 2막은 사명을 위해 살아야 공허하지 않다. 정찬관 씨는 국악에 사명을 느꼈다. 국내 국악음반이 없다는 점을 아쉬워하면서 국악음반 제작에 관심을 갖기 시작했다. 수집이 제작으로 이어진 순간이었다.

제작은 쉽지 않았지만 그는 국악 애호가들과 함께 힘을 합쳐 신나라레코드를 통해 1988년 '판소리 오명창'을 발매했다. 당시 판매되지 않으면 전량 구매하겠다는 조건으로 발매를 했다. 그런데 말 그대로 대박이 났다. '판소리 오명창'은 공식적으로 5천 500여 장이 팔린다. 신나라레코드 역시 국악이라는 새로운 사업영역을 발굴했던 순간이었다. 국악에 미래를 본 그는 한국고음반연구회를 창설하고 부회장직을 맡는다.

1998년부터는 고령화로 세상을 떠나는 명창이 많은 걸 아쉬워하며 사비를 들여 명인 명창들의 음반을 매년 제작한다. 2001년 HSBC은행 부지점장으로 명예퇴직한 뒤 영국국립도서관, 미국 의회도서관과 인디애나 대도서관 등 세계 주요 도서관에 국악을 기증을 한다. 그리고 해외에 산재된 한국인의 소리가 담긴 원반을 찾아 국내에 들여오는 일도 하고 있다. 대표적으로 1896년에 녹음된 우리 민족의 노랫소리를 발굴하여 음반으로 제작해 대중에게 선보였다. 그는 그만큼 전문지식과 열정을 갖춘 사람이다.

지금은 '정창관의 국악CD음반 세계'를 운영한다. 홈페이지 제작은 2000년에 이루어졌고 업데이트 날짜는 2016년 8월 21일이다. 16년 동안 꾸준히 관리했음을 느낄 수 있다. 그리고 국악 대중화를 위해 라디오로 '정창관의 국악음반세계' 코너를 진행하고 있다.

처음 정창관 씨 소식을 접하고 그가 꾸준하고도 열정적으로 한 우물을 파는 사람이라는 생각이 들었다. 그는 국악을 좋아한다는 것을 넘어 사명감까지 갖추었다. 사명감이 있기 때문에 사비를 털어 음반을 제작하고 대중화에 적극 나설 수 있었다. 국악을 듣는 것으로 끝냈다면 그저 국악을 유별나게 좋아하는 사람 정도로만 끝났을 것이다. 하지만 국악 관련 포럼에 초청되고 희귀 음반 콘서트 기획자로 모셔갈 정도니 그는 국악으로 끝을 보고 있는 사람이다.

'미치면 미친다'란 말이 있다. 적당히 하면 '적당히'로 끝나지만 미치면 목적지까지 도달한다. 생각해보자. 금융업에 종사하는 사람이 음반을 한 달에 40~50장 수집하고, 손해 볼 수 있는데 사비를 털어가며 국악음반을 발매하니 일반인이 볼 때는 보통 미친 사람이 아니다. 이런 열정이 있었기에 그는 은퇴 후 국악전문가로 활약할 수 있었다.

타의 추종을 불허하는 수집의 표본은 전창관 씨라 생각된다. 과거에 비해 풍족해지면서 뭔가 수집하는 인구가 늘어나고 있다. 그렇지만 전문가 반열까지 올라가는 사람은 드물다. 전문가, 즉 직업으로 연결되기 위해서는 좋아함 그 이상을 넘어야 한다. 그것은 다름 아닌 '사명감'이다. 사명감이 있다면 취미는 직업으로 변화될 수 있다. 혹자는 말한다. 취미마저 사명감을 갖는다면 피곤할 것이라고 말이다. 취미를 취미로만 생각한다면 즐기면 된다. 그렇지만 취미를 직업으로 바꾸겠다는 결심을 하면 이야기가 달라진다. 취미를 취미처럼만 하면 취미로 끝난다.

정찬관 씨처럼 취미를 직업으로 연결하는 사람은 다음과 같은 특징이 있다.

첫 번째, 대의적인 목표를 갖고 있다. 혼자 즐기는 걸 넘어서 대중화를 꿈꾼다. 대중화를 하는 방법에 대해 연구하고 조직을 구성한다. 지금 하는 취미에 대해 더 많은 사람에게 알려주려는 마음을 갖자. 사람들에게 알리기 위해 블로그도 운영하고 전문적으로 칼럼을 쓸 수도 있다. 결과들이 쌓이다 보면 아마추어 수준은 넘어간다.

두 번째, 본업을 완벽하게 끝내고 취미를 한다. 본업을 소홀히 하면서 취미에 몰두한다면 주객이 전도된다. 취미가 좋고 은퇴 2막을 열 수 있다고 해도 본업이 우선이다. 본업을 대충한 사람이 취미로 직업을 연다는 것은 어불성설이다. 소개된 정창관 씨 역시 인터뷰에 나와 있지 않지만 본업은 누구보다 최선을 다했을 거라 생각된다. 본업을 끝내놓고 취미에 집중한다.

우리는 취미가 직업으로 연결될 수 있는 세상에 살고 있다. 취미로 개인연구소를 차릴 수 있고 인터넷에서 취미 정보도 쉽게 구할 수 있다. 그렇지만 고객에게 돈을 받고 경제활동을 한다는 것은 다른 차원의 문제다. 더 전문적이야 하며 경영활동도 해야 한다. 어려움을 지탱해주는 힘은 사명감이라 생각한다. 취미에 사명감을 더해 본다. 그렇다면 은퇴 후 취미가 직업이 될 수도 있다. 어떻게 하느냐는 자신에게 달려있다.

나는 취미로 시작한 것들이 직업이 되었을 때, 성공한 삶이라 생각한다.

일에 대한 감사함이 재미다

보일러 기능인 이만호

기업이 일정 규모를 넘으면 의무적으로 산업안전교육을 받아야 한다. 그런데 이 의무교육을 나에게 의뢰하는 경우가 종종 있다. 나는 즐거운 마음으로 강의를 나간다. 웃음치료나 리더십, 자기계발 강의를 전문적으로 하는 사람이 산업안전교육을 한다고 하면 의아해 할 것이다. 하지만 나의 산업안전교육 경력은 15년이 넘는다. 전 직장에서 산업안전교육을 했기 때문이다.

또한 산업안전교육을 할 수 있는 자격도 가지고 있다. 바로 '산업안전기사' 자격증과 관련기관에서 전문적으로 교육받은 이수증도 있다. 청중들은 웃음과 접목한 산업안전강의가 특별하다고 칭찬을 한다. 나로서는 감사한 칭찬이다. 자격증을 취득하고 산업안전강의를 준비하기 위해 주경야독할 때는 힘들었지만 강사로 나아가는 데는 분명 큰 도움이 되었다.

탄탄한 연금이 있어도 60세에 정년퇴직은 불안하다. 남은 세월 등산만 다니며 살 수 없지 않은가. 자아실현을 위해서든, 경제적 안정을 위해서든 직업이 있어야 한다. 1막에 있을 때보다 월급이 적더라도 일거리가 있는 사람은 늙지 않는다. 이 문제는 대한민국 50~60대 모두가 갖고 있는 문제이기도 하다. 현직에 좋은 일자리에 머물고 있어도 벗어나야 한다는 것, 이후 삶은 아무도 책임져주지 않는 것 말이다.

전경련중소기업협력센터에서 중장년 재취업 성공수기 공모전에서 최우수상을 받은 이만호 씨가 있다. 그는 특별한 재취업 성공기가 있는 사람이다. 그 특별한 이야기는 KBS 프로그램 '강연 100°C'에서도 '월급 130만 원'이란 제목으로 전 국민이 귀담아듣게 강의를 했다.

30년간 국내 대표 은행에서 지점장까지 지낸 이만호 씨는 2010년 구조조정의 칼날을 피할 수 없었다. 당시 주변에선 "지점장 한 명이 그만두면 신입사원 3명을 채용할 수 있다"라면서 눈총을 받은 터라 퇴직을 결심한다. 그는 퇴직 후 돈을 절약하기 위해 그간 타지 않았던 자전거를 수리하러 수리점에 간다. 그가 간 자전거 수리점은 사장 혼자서 40년간을 운영하고 있었던 곳이다. 수리점 사장은 덤덤한 어조로 자전거 수리 기술로 자식을 가르치고 결혼도 시켰으며 작은 건물까지 구입했다고 말한다.

이때 이만호 씨는 기술을 배워야겠다고 느낀다. 하지만 어떤 기술을 어떻게 배울지를 몰랐다. 다행히 2년간 계약직 은행지점 감사 업무를 맡으며 기술을 배울 시간을 확보하게 된다. 그는 지하철 홍보 벽보나 지인들의 조언으로 보일러 기술을 배워야겠다는 결론을 내린다.

그는 이듬해 2월 서울 동부기술교육원에 보일러과에 입학한다. 매주 월요일부터 금요일, 오후 6시부터 오후 9시 30분까지 6개월간 공부에 매진한다. 30년간 문서업무를 했던 그에게 보일러와 관련된 용어는 무척 생소했다. 또한 실습시간에 용접을 하다 옷을 태우는 등 기초적인 실습도 못해 웃음거리가 되곤 했다. 주변에는 "나이 들어 무슨 기술을 배우느냐?" 비아냥거리기도 했다. 그렇기에 그는 더욱 노력했다. 등산, 골프, 낚시 등 여러 사회모임에서 유혹도 많았지만, 항상 도서관으로 달려가야 했다. 당시 심경을 언론과의 인터뷰에서 다음과 같이 말했다.

"지인들에게 '같이 일하자' 제안도 받았다. 가면 2, 3년은 대우를 잘 받겠지만 정말 중요한 건 그 이후의 삶이고 그걸 생각하면 내가 선택한 길이 맞다."

그에게 중요한 것은 평생 할 수 있는 길을 가겠다는 의지였다. 이런 의지 덕분에 그는 입학 2개월 후, 보일러 기능사 시험에 합격하여 자격증을 취득했다. 이후 공조냉동기계기능사, 에너지관리산업기사 외에 7개 자격증을 취득한다. 특히 에너지관리산업기사는 1년에 딱 한 번 시험이 있다. 그만큼 매력 있는 자격증이지만 취득이 쉽지 않았다.

당시 이만호 씨는 20대라면 다음에 도전할 수도 있지만 60대를 바라보는 나이에 포기를 하면 기회가 없을 것이라는 생각에서 공부를 했다. 하늘은 스스로 돕는 자를 돕는다고 했던가. 전국에 4명뿐인 합격자에 자신의 이름이 올라갔다. 그는 자격증을 취득하며 자신감을 얻었지만 취업은 만만치 않았다. 전경련 중장년 일자리 희망센터를 방문하여 전문컨설턴트와 상담도 해보고 채용박람회에 달려갔지만 쉽지 않았던 것이다.

250곳 이력서를 넣고 기다렸다. 하지만 아무런 연락이 없었다. 나이 때문이 아닐까 생각하며 자괴감과 심한 우울증에 빠지기도 했다. 당시 심경을 이렇게 말했다.

"젊은이들에게 밀려나기를 수십 번. 점점 위축됐고 패배의식에 젖어 수개월을 우울증으로 보냈다. 그러던 중 신문에서 '참판집 종으로 일하며 도둑공부를 한 반석평이 신분의 벽을 넘어 형조판서로 우뚝 선 이야기'를 접했다. 이에 용기를 얻어 각종 모임을 끊은 채 공부에 올인했고 전기기능사는 5~8점 차로 낙방했지만 지난 2월 ○○은행 본점 시설과 근무직원으로 채용됐다."

우연인지, 필연인지 30년간 근무한 은행시설업체에 합격했다. 월급은 130만 원으로 지점장으로 받았던 연봉과 비교도 안 됐지만 입사를 한다. 그렇게 그의 재취업은 성공했다. 지금은 아들뻘인 동료들과 함께 일하고 있다. 이만호 씨는 새로 취업한 곳에서 다시 꿈을 꾼다. 바로 '건물시설관리소장'이다. 자격증을 취득할 때처럼 노력한다면 분명 이룰 것이라고 믿는다.

그는 재취업을 꿈꾸는 사람에게 아끼지 않는 조언이 있다. 바로 과거 기억을 잊으라는 말이다. "성공적인 재취업을 위해서는 자신이 과거에 무슨 일을 했는지, 월급을 얼마 받았는지에 대한 기억을 먼저 버려야 한다"며 "눈높이를 낮추고 준비하면 미래가 보일 것"이라 했다. 또한 기술에 대해 "은퇴 후 기술을 배우면 개인이 행복하고 건전한 가정을 꾸릴 수 있으며 나라에도 도움이 될 것"이라고 했다.

과거에 무슨 일을 했는가는 중요하지 않다. 중요한 것은 현재다.

이만호 씨가 재취업에 성공하고 다시 꿈꿀 수 있었던 것은 과거를 잊고 현재에 집중했기 때문이다. 60세가 넘어서 다시 꿈꿀 수 있고 출근할 곳이 있다는 게 얼마나 행복한지 이만호 씨를 통해 알 수 있다.

이만호 씨처럼 은퇴 후 기술로 2막으로 안착한 사람들은 다음과 같이 준비를 했다.

첫 번째, 현역 시절 화려했던 자존심을 내려놓는다. 항상 갑의 위치에 있었던 사람이 자존심을 내려놓는 것은 어려운 일이다. 하지만 내려놓지 않으면 준비할 수 없다. 우선 나의 자존심이 나의 실력인지, 회사 직함 때문인지 고민해야 한다. 회사 직함 때문에 높았다면 자존심부터 내려놓는 연습을 한다.

두 번째, 은퇴가 임박하기 전에 시작해야 한다. 모든 일이 그러하듯 앞에 닥치면 급해진다. 이만호 씨는 계약직으로 2년간 일할 수 있었다. 이때 모임도 끊고 오로지 공부에만 집중했다. 2년이라는 유예기간은 너무나 소중한 시간이다. 만약 유예기간이 없었다면 마음이 급해 다른 결정을 했을지도 모른다. 미리 준비하는 사람만이 옳은 결정을 할 수 있다. 은퇴 임박 전에 미리 준비한다.

세 번째, 무상교육을 적극 활용해라. 현재 정부에선 시니어 취업, 창업 등 정책적으로 관심이 많다. 이만호 씨 역시 한국폴리텍대학에서 제공하는 교육을 이수했고, 전경련에서 주최하는 중장년 재취업 프로그램에서 도움을 받았다. 조금만 관심 있다면 도움을 주는 곳이 많다는 것을 알 수 있다. 이것을 적극 활용할 필요가 있다.

아침에 일어나 출근할 곳이 있다는 게 누구에겐 일상이지만 누구에겐 절박한 바람일 수 있다. 일이 있는 것 자체가 재미고 즐거움이다. 은퇴 후 일을 지속하고 싶다면 준비 빼고는 방법이 없다. 일의 즐거움을 계속 느끼고 싶다면 준비하고 대비를 한다.

노는 데 있어 중요한 건 관점이다

열린여가문화연구소장 전민자

모 CF 광고의 한 장면이다. 백발이 성성한 어르신이 볼링공을 들고 있다. 위태로운 모습이다. 볼링 자세를 제대로 취하지 못하고 양다리 사이로 힘차게 공을 던진다. 공은 천천히 굴러간다. 모두가 숨죽이며 그 광경을 지켜보고 있다. 결과는 스트라이크디. 힘성이 터지고 삼삼오오 모여 있는 어르신들이 즐거워한다.

광고가 주는 메시지는 '나이를 떠나 재미있게 살자'는 메시다. 하지만 나는 다른 메시지를 보았다. 바로 노는 데 있어 관점만 바꾸면 실컷 놀 수 있다는 것이다. 젊은이들도 많고 멋진 자세로 볼링 치는 사람이 많아도 무슨 상관인가. 합법적이고 재미있으면 그만인걸.

CF처럼 남 눈치 안 보고 재미있게 사는 할머니 한 분이 계신다. 2012년 제주도에 '게임 할머니'란 분이 한때 이슈가 되었다. 당시 나이 72세 송계옥 할머니다. 할머니는 학생이나 20대 친구들이 하는 '리니지2' 게임을 한다. 게임 시작은 아들이 켜놓고 간 게임을 우연히 본 데서 비롯되었다. 그날 할머니는 마우스와 키보드를 만져보고 자신의 뜻대로 캐릭터가 움직이자 신기했다. 아들이 집에 돌아와 "할 수 있으면 해보라"고 권유를 하자 마침 밥하고 빨래를 하고 나면 마땅히 갈 데도 없고 심심해서 본격적으로 게임을 시작한다.

할머니는 집안일 다 끝내고 게임을 한다. 레벨업도 재미있지만 세상과 소통하는 재미도 있다. 'PC게임'과 '할머니'는 왠지 잘 어울리지 않는 단어다. 그렇지만 할머니는 게임의 관점을 바꿔 즐기고 있다. 할머니가 PC게임을 하는 게 잘 못된 것일까. 즐겁게 세상과 소통하면 될 뿐이다. 노는 데 있어 관점만 바꾼다면 얼마든지 잘 놀 수 있다. 여기에 직업화를 시킨다면 금상첨화일 것이다.

필자의 강의는 레크리에이션과 연관이 깊다보니 노래강사를 많이 본다. 정열적으로 무대를 사로잡는 노래강사부터 차분하지만 울림이 있는 노래강사 등 다양한 분들을 만난다. 대체적으로 노래강사는 노래를 잘한다. 노래강사하면 타고난 부분이 많다고 생각했다. 하지만 이 분의 이야기를 듣기 전까지 그러하다.

"노래강사는 가수가 아닙니다. 청중들에게 노래로 즐거움을 선사하고 노래 잘하는 방법을 교육하는 사람입니다."

서울에서 노래강사와 실버강사로 활동하는 열린여가문화연구소 전민자 소장의 말이다. 그렇다고 전민자 소장이 노래를 못한다는 말은 아니다. 잘 하고 열정적으로 한다. 단 즐기려는 마음과 철저한 노력으로 만들어진 후천적인 노래강사라는 점이다.

전민자 소장은 결혼 전 고등학교 선생님으로 활동했다. 그러나 결혼 후 출산을 위해 선생님을 그만두고 전업주부가 된다. 어느 정도 아이들이 커가자 일에 대한 욕심이 생겼다. 그녀가 선택한 것은 학습지 교사였다. 아이들 가르치는 것은 물론 영업도 자신 있었다. 친절한 성격과 열정적인 활동으로 학습지 회사 본사에서 모셔갈 만큼 승승장구를 한다. 하지만 본사 내부문제로 회사를 나와야 했다.

그녀는 한 번 시작한 사회생활을 놓을 수 없었다. 그래서 대형마드 전시판매원을 시작한다. 역시나 잘 팔았다. 그렇지만 평생 그 일을 하기에는 불안한 직업이었다. 다시 교원자격증을 들고 학교 문을 두드린다. 자신감 넘치고 여러 능력을 겸비한 그녀였지만 학교 문턱은 높았다. 기간제 교사로 받아준 학교는 단 한 곳도 없었다. 학습지 교사, 마트 판매원 등 어떤 일을 해도 좋은 성과를 냈던 전민자 소장은 직업에 대해 다시 한번 고민을 하기 시작한다. 고민의 핵심은 '즐겁고 평생 할 수 있는 일'에 대한 것이었다. 결과는 프로강사였다. 프로강사 역시 교육 분야가 다양하다. 그때 그녀는 즐겁게 할 수 있는 일이 '노래'라는 생각을 했다. 그래서 평생할 수 있는 강의분야로 실버강의로 선택한다. 그렇게 그녀는 실버강의와 노래강사를 시작한다.

처음 노래를 배우기 위해 아카데미에 문을 두드린다. 그런데 예비강사들 앞에서 노래를 부르는데 결과는 엉망이었다. 심지어 "저 실력으로 어떻게 노래강사를 할 수 있을까?" 수군거리는 사람도 있었다. 하지만 그렇다고 포기할 그녀가 아니었다. 노래를 못하면 배우면 그만 아닌가. 단순한 관점 변화로 노래 연습에 매진한다. 일주일에 한 곡을 선택하여 연습을 해나갔다. 시간을 따로 편성하여 연습을 한 게 아니라 생활 속에서 연습을 했다. 선택한 노래를 틀어놓고 잠자는 시간을 제외하고 계속 듣는 것이다. 설거지할 때도 노래를 듣고, 청소할 때도 노래를 듣고, 심지어 TV를 시청할 때도 노래를 들었다.

같은 노래를 반복해서 듣다 보면 포인트 부분이 들린다. 꺾어야할 부분, 톤을 달리해야 하는 부분 등 말이다. 계속 듣다 생각나면 따라 부르며 실력을 키웠다. 더도 말고 일주일에 한 곡씩 꼭 연습을 했다. 노래 실력이 나날이 좋아지자 자신감도 생겼다. 아카데미에 정식 강사로 등록하며 프로강사로 자리매김을 한다.

그녀는 지금도 '노래강사는 가수가 아니라 청중에게 노래 잘하는 방법을 교육하는 강사'라고 외치며 요양원, 문화센터 등 다양한 곳에서 강의를 나간다. 현재 서울 도봉구에 열린여가문화연구소를 열면서 많은 사람들에게 다양한 강의를 들을 수 있도록 하고 있다. 특히 1만 원 수강료로 좋은 강의를 들을 수 있어 지역주민들에게 인기가 높다.

전민자 소장은 노래로 그야말로 놀 줄 아는 사람이다. 그리고 그것을 직업으로까지 승화시켰다. 제대로 즐겼고 연습했기 때문에 가능했던 것이다. 가수는 노래를 잘해야 한다. 그렇지만 노래강사는 노래 잘하는 방법을 알려주는 사람이다. 전민자 소장이야말로 자신의 경험처럼 노래 잘하는 방법을 제시할 수 있는 사람이다. 그렇기에 현재 노래강사와 노래를 중심으로 한 실버강사로 승승장구하고 있다.

우리는 사람들 속에서 살아간다. 즉 타인의 시선에서 자유로울 수 없다. 더욱이 유교문화가 오랫동안 유지한 우리나라는 더 타인의 시선에 민감하다. 특히 노는 문화에서 타인의 시선을 많이 의식한다. 그런데 관점을 바꿔야 제대로 놀 수 있다. 노는 건 누구도 아닌 자신을 위해 노는 것이다. 내가 즐거워야 남도 즐겁고, 세상도 즐거운 법이다.

전민자 소장은 가수가 아니라 노래로 노는 법을 알고 재미를 전파한 사람이다. 만약 남의 눈치를 봤다면 지금과 같이 프로강사와 아카데미 경영자로 성공할 수 없었다. 타인에게 피해를 끼치지 않는 범위에서 눈치 보지 말고 놀 필요성이 있다. 노는 재미에 빠진다면 직업으로 승화되기 쉽다.

가수 오승근의 '내 나이가 어때서'는 많은 사람에게 인기를 얻고 있는 노래이다. 필자 역시 좋아하는 노래이다. 무대에 올라서면 가죽벨트를 풀어 색소폰 부르는 흉내를 내며 아슬아슬한 19금 농담을 할 때도 있다. 가끔 주책이라 핀잔을 듣는다. 그러면 속으로 말한다. '내 나이가 어때서?'라고.

즐겁게 사는 것이 인간의 의무라고 생각된다. 의무에 충실하려면 관점을 바꿔야 한다. 타인의 시선 모두를 의식하며 살기에 인생은 너무나 짧다. 관점을 바꾸고 마음껏 놀자. 그리고 그것을 직업 2막, 인생 2막으로 변화시키자.

재미가 갈망으로 변해 두 번째 직업이 되었다

여행작가 이지상

장거리 출장 강의를 가면 시간을 넉넉하게 잡는 편이다. 지역 맛집도 찾아보거나 유명 여행지도 방문하기도 한다. 모두가 바쁜 평일 낮에 혼자 여행지를 방문하면 사람도 없고 한가하다. 호젓함이라고 할까. 강의장에서 열정을 뿜어낼 때와 다른 행복감을 느낄 수 있다. 이래서 사람들이 여행을 좋아하는 듯하다. 일상의 행복과 다른 행복을 느낄 수 있는 즐거움 말이다.

직장인에게 장거리 여행은 1년에 딱 한 번 정도 가능하다. 바로 여름휴가 때다. 휴가가 짧은 회사는 이마저도 힘들다. 과거에 비해 해외여행이 보편화되었다고 하지만 직장인에게 14박 15일 같은 장거리 해외여행은 쉽지 않다. 그래서일까. 직장인 중 여행을 좋아하는 사람은 여행을 직업으로 하는 일을 꿈꾼다. 그 대표적인 직업이 여행작가다.

여행작가의 모습은 상상만 해도 멋지다. 여행 계획을 짜고 출판사나 잡지사가 후원을 해줘 여행을 떠나게 된다. 낯선 곳에서 낯선 사람들과 조우하고 사진도 찍거나 자료를 정리한다. 귀국 후에는 책을 쓰거나 강연을 다닌다. 다시 돈을 모아 여행을 떠난다.

누구나 원하는 멋진 모습이다. 그렇지만 대한민국에서 후원까지 받으며 여행을 떠나는 사람이 얼마나 될까. 유명 여행작가를 제외하고 대부분 자비로 여행을 떠날 것이다. 더욱이 2015년 기준으로 여행 관련 책이 한 해 동안 800권이나 출간되었다고 한다. 하루에 2.2권꼴인 것이다. 이 중 독자에게 사랑받는 책은 극히 소수일 것이다.

『걷는 자의 꿈, 실크로드』의 저자 문윤정 여행작가는 이런 현실에 대해 깔끔하게 정리했다. "이슬만 먹고 살지 않아요"라고. 즉, 여행작가를 만만하게 보지 말라는 조언이다. 그렇지만 여행의 재미를 넘어 절실하게 여행을 갈망하면서 직업으로 바꾼 사람이 있다. 바로 여행작가 이지상 씨다.

"두 마리 토끼를 잡지 말자. 자유와 안정은 함께 갈 수 없다. 중요한 것은 자신을 불태우는 것이다. 어느 길을 선택하든 기웃거리며 불행해진다. 나는 방랑의 길을 떠날 때 세상의 모든 것을 다 버리고 길을 가다 죽어도 좋다는 심정으로 갔고, 그 후 뿌리를 내려야 한다고 생각했을 때 죽기 살기로 글을 썼다."

여행과 직장으로 갈등하는 사람들을 위한 이지상 씨의 조언이다. 여행작가만 20년 넘게 해온 이지상 씨는 여행작가로 이름이 알려진 사람이다. 지금은 여행작가를 꿈꾸는 사람을 교육하는 교육자로도 활동하고 있다. 그는 어린 시절부터 여행을 통해 놀고 싶어 했다.

서울 토박이로 어릴 적부터 홀로 버스를 타고 돌아다녔다. 태어날 때부터 여행이 놀이였던 것이다. 그는 고등학교 시절 여행을 떠나고 싶은 마음을 누르고 눌러 대학에 입학한다. 대학 때 전국을 누비며 국내 여행을 즐겼다. 여행에 관심이 있다 보니 항공사에도 관심을 갖게 된다. 그렇게 대한항공에 취직해 직장생활을 시작한다. 하지만 조직생활이 그에게는 맞지 않았다.

그래서 1988년 국외여행 자유화가 되면서 곧바로 여권을 만들고 첫 해외여행을 타이완으로 떠난다. 8박 9일간의 해외여행에서 그는 중대한 결정을 내린다. 바로 회사를 퇴사하고 전문 여행기를 시작한다는 결정이었다. 그는 현재까지 조직에 들어가지 않는 채

전문 여행가의 삶을 살고 있다.

당시는 전문 여행가라는 직업 자체가 존재하지 않았던 시절이었다. 그는 홀로 신 직업을 개척해 나갔다. 초기 5년간은 여행 다니느라 해외에서 시간을 보냈다. 그리고 돈이 마련되면 홀쩍 떠났다. 또 돈을 마련하기 위해 자연스럽게 책을 쓰면서 자연스럽게 진짜 여행작가가 되었다. 그 세월이 20년이 넘는다. 그는 안정과 안락 대신 모험과 방랑을 선택했다.

그는 직업 특성상 장거리 여행이 많다. 장거리 여행에 대해 그는 다음과 같은 말을 한다.

"장기 여행은 단기 여행과는 좀 다르다. 한두 달 미만의 단기 여행은 아무래도 즐겁고 흥분되는 경험이 많다. 그런데 몇 달, 혹은 해를 넘기는 장기 여행에서는 온갖 것들을 경험하게 된다. 즐겁고 희망찬 것뿐만 아니라 어려움, 슬픔, 지겨움 등 여러 가지를 겪으면서 삶에 대해 깊이 생각하게 된다. 그렇게 사유의 폭이 깊고 넓어지면서 세상과 자신을 바라보는 태도가 점차 변한다. 시간이 갈수록 자신이 살아있는 세상과 거리를 두면서 자신만의 가치를 찾으려 하며, '작은 철학자'가 되어간다. 이 부분은 단기 여행자들이 누리지 못하는 값진 경험이다."

정말 즐기는 사람만 할 수 있는 조언이라고 생각된다. 안정된 항공사를 그만두고 수많은 유혹을 이긴 원동력은 절박하게 하고 싶고, 절실하게 놀고 싶은 것이 있기 때문이었다. 이런 마음이 그를 대한민국 대표 여행작가로 키웠다고 할 수 있다.

우리 주변에 안정과 모험 두 가지 선택지를 두고 갈등하는 사람이 많다. 안정을 택하면 모험을 할 수 없고, 모험을 택하면 미래가 불안하다. 여기서 생각해 볼 것이 있다. 우리 삶에서 언제 안정된 적이 있었던가. 태어날 때부터 우리는 모험을 하면서 살았다. 학업을 성취하는 것 역시 모험이었고, 입사도 모험이었으며 결혼도 모험, 부모가 되는 것도 모험이었다. 은퇴를 맞이하는 것 역시나 모험이 될 것이다.

또한 사람은 태생적으로 모험을 좋아한다. 대표적인 예가 여행을 떠날 때다. 여행을 싫어하는 사람은 없을 것이다. 여행은 평소와 다른 환경에 노출되는 일이다. 그렇지만 설렘과 기대가 가득하다. 이 점을 생각하면 우리는 모험을 좋아한다. 어느 순간부터 '안정'이란 단어가 우리 머릿속에 들어왔다. 안정된 직장, 안정된 가정처럼 모험을 버리고 안정을 찾으라고 강요하는 것이다.

이때 이지상 씨처럼 놀 수 있는 일을 찾아 직장을 떠나라고 말하기란 쉽지 않다. 단지 안정과 모험 사이에서 갈등하고 있다면 우리는 태생적으로 모험을 좋아한다는 점을 명심해라. 우리가 갈등할 건 '행동을 취하느냐', '취하지 않느냐' 차이일 뿐이다. 행동을 취하면 당장은 아니더라도 서서히 변화가 일어나 꿈꾸는 일이 이루어질 수 있다.

미국의 소설가, 『톰 소여의 모험』 저자인 마크 트웨인은 이렇게 말했다.

앞으로 20년 후에는

당신이 했던 일들보다 하지 않았던 일들을 더 후회할 것이다.

그러니 배를 묶어둔 밧줄을 풀어라.

안전한 항구를 떠나라.

무역풍을 타고 항해하라.

탐험하라.

꿈꾸라.

발견하라.

청소년을 상대로 강의를 나가보면 그들은 좋아하고 잘하는 일을 찾기 힘들다고 말한다. 어디 청소년 이야기뿐일까 싶다. 성인들에게 물어봐도 명쾌하게 답해주는 사람은 몇 명 안 된다. 하물며 자기가 좋아하고 잘하는 일을 직업으로 하는 사람은 많지 않을 것이다. 그렇지만 누군가는 실행하고 있다. 여행작가 이지상 씨처럼 말이다.

자신이 좋아하고 잘하는 일은 제대로 놀 수 있는 일을 말한다. 하루가 놀이로 채워진다면 날마다 설레지 않겠는가. 과거 기억 속에 재미와 즐거움을 느낀 경험을 찾아내 보자. 없다면 늦지 않았다. 찾으면 된다. 그것을 찾아 행동한다면 또 다른 직업, 또 다른 삶을 살 수 있다.

4

은퇴 전(前)
제대로 놀기 위한
10가지 준비

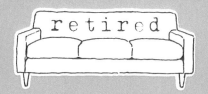

나에게 맞는 노는 유형 찾기

먼저 은퇴자들이 알아둬야 할 것은 은퇴 후의 삶과 관련해 이전의 삶보다 더 큰 성공을 바라거나 완전히 뒤바뀌는 삶을 꿈꾸는 것은 현실적이지 못하다는 것이다. 항간에 나오는 많은 은퇴 관련 서적을 보면, 약간의 투자와 노력으로 무언가 크게 바뀔 것 같지만 실상 그렇지 않다는 것을 우리는 금방 알게 된다.

하지만 은퇴 후의 삶을 너무 어렵게 생각하지 말기를 바란다. 노는 것이라고 생각하면 된다. 하지만 소극적인 놀이는 아니다. 나에게 맞는 놀이, 다른 말로는 즐거움을 찾아야 한다. 미래에셋자산운용 채권운용책임자였던 김경록 저자가 쓴『1인 1기』라는 책에서는 은퇴 후의 삶에 대해 이렇게 기술하고 있다.

> 60세에 은퇴해서 평균수명인 85세까지 산다고 가정해 보자. 은퇴 후 시간은 수면, 식사, 건강관리 등 일상생활에 필요한 '필수시간'과 질병 등으로 한나절 누워 있는 상태로 일상생활이 불가능한 '와병시간'으로 나누어 볼 수 있다. 이 둘은 우리가 어떻게 변경하기 쉽지 않다. '가용시간'은 총 시간에서 우리가 어찌할 수 없는 필수기간과 와병시간을 제외한 것으로, 일이나 여가에 재량으로 이용할 수 있는 시간이다. 미래에셋 은퇴 보고서에 따르면 은퇴 후 총 시간은 22만 시간이다. 여기에서 필수시간과 와병시간이 반 정도가 되고 가용시간이 11만 시간으로 나머지 절반 정도를 차지한다. 11만 시간을 연간 근무시간 2,160시간으로 나누면 50년이 나온다. 즉, 11만 시간은 근로자가 일하는 시간에 해당하는 셈이다.

위의 계산처럼 은퇴 후의 삶은 생각보다 길다. 그렇다고 경제활동을 왕성하게 할 수 있는 여건은 아니다. 체력적 문제나 여러 문제들이 발목을 잡을 것이다. 그래서 대부분은 소극적인 놀이나 행동에 머물게 된다. 은퇴자들은 노후의 가용시간 중 여가에 6을 배분하고 일하는 데 4를 쓴다고 한다.

그중 여가시간의 활용에서 가장 높은 빈도수를 차지하는 것이 바로 TV이다. 무려 3만 3,000시간이라고 한다. 이는 3.8년에 해당하는 시간이다. 이 시간을 아무것도 하지 않고 TV만 보는 것이다. 특히 이런 현상은 남성에게서 더욱 두드러진다. 75세 이후의 은퇴 후반기에 남성의 가용시간의 78%가 여가시간인데 이 시간 대부분을 TV 앞에서 보낸다는 것이다.

은퇴 후의 삶은 은퇴 전의 삶과는 차이가 있다. 은퇴 전에는 한정된 시간을 효율적으로 배분하여 부족한 시간 속에서 보다 많은 것을 하려 했다면 은퇴 후는 남는 시간 중 얼마를 보다 즐겁게 활용하는 데 그 목적이 있다. 물론 논다는 것, 즐거움을 찾는다는 것은 사람마다 다르다. 체질에 따라, 성격에 따라, 환경에 따라 다르다.

이런 고민을 들을 때마다 나는 노트에 자신의 위치를 적어 보라고 한다. 자신의 체력, 환경, 취향 등을 고민해보고 거기서 나오는 공통점을 핵심으로 삼아보는 것이다. 전체적인 결론이 '조용한 것을 좋아한다'면 여기에 맞는 즐거움을 찾으면 된다. 은퇴 전만큼이나 긴 시간을 보내는 취미나 혹은 삶을 위한 행동을 해야 하는데, 차분히 생각해서 답을 찾아봐야 한다.

권장하고 싶은 것은 희망적인 일을 한번 해보는 것이다. 사람은 희망이 없으면 수명이 짧아진다. 평소 책을 읽기를 즐겨 했다면 글을 써보는 것도 좋은 일이다. 그것이 새로운 길이 될 수 있다. 아울러 생활을 위해 돈을 벌어야 한다면, 아무거나 권하는 대로 따라가지 말아야 한다. 은퇴 전 무언가를 새롭게 배운 적이 없다면, 나에게 가장 익숙한 일을 하는 게 리스크를 줄이는 일이다.

내가 잘할 수 있는 일, 혹은 가장 익숙한 일을 시작하는 것이 좋다. 그것이 여의치 않는다면 1인 기업을 시작해 보는 것은 어떨까. 은퇴자들이 가진 재능과 경험은 상당하다. 그것을 살려 큰 자본이 들지 않으면서 또 타인에게 매이지 않은 1인 기업은 상당히 매력적인 일이다.

나만 해도 바로 그 1인 기업을 시행하고 있는 사람 중 하나이다. 1인 기업을 하기 위해서는 준비 시간이 필요하다. 여러 기술 중 나에게 맞는 것을 고르고 그것을 연마할 수 있는 시간 말이다. 가장 좋은 것은 은퇴 10년 전부터 차분히 준비하는 것이다. 하지만 은퇴 전후로도 가능하다.

한 1년 정도 자신에게 준비 시간을 준다. 그사이 배울 수 있는 것들을 찾아본다. 은퇴자가 논다는 것은 자신에게 희망을 주는 것을 말한다. TV 리모컨을 붙잡고 있는 것은 노는 것이 아니라 그냥 그렇게 시간을 흘리는 것이다.

"어떤 행동을 해야 나에게 희망을 줄 수 있을까?"
"어떤 일이 나를 설레고 즐겁게 할 수 있을까?"

돈보다 먼저 이 부분을 선택하는 것이 은퇴 후 삶을 더욱 풍요롭게 할 수 있다. 맛있는 것을 먹는다고 해서 옛날처럼 힘이 나는 것도 아니고, 돈을 펑펑 쓴다고 해서 허세를 만족시킬 수 있는 것도 아니다. 그러기엔 우리들의 삶은 생각보다 진중하고 다양한 경험 속에서 진행되어 왔다. 앞 장에서 노는 유형에 대해 이야기를 했다. 이번에는 노는 유형을 찾을 때 주의점을 찾아보자.

첫 번째, 제발 눈치를 보지 말자. 마니아를 넘어 오타쿠(otaku)를 '덕후'라 부른다. 그들이 하는 행동을 '덕질'이란 신조어로 사용하고 있다. 과거에는 사회생활에 적응 못해 자기 세계에 빠진 사람으로 인식했지만, 지금은 사회적으로 성공한 덕후들이 등장하며 인식이 변화되었다. 그들은 눈치 보지 않고 자신의 일을 즐긴다. 나만의 유형을 찾을 때도 눈치 보지 말자. 키덜트(아이어른)란 문화도 산업으로 인식되는 세상이다. 당당히 나만의 놀이를 찾자.

두 번째, 외로운 늑대여도 기꺼이 시작해라. '물 소믈리에', '수면 컨설턴트'는 과거에는 없었던 직업군이다. 누군가 물 감별에 취미를 느끼고, 누군가 수면에 대해 공부하는 걸 재미로 느꼈을 것이다. 그리고 서서히 직업이 된 것이라 생각된다. 재미를 느끼는 것에 공식적인 무언가가 없어도 기꺼이 시작해라. 당신이 1호가 될 수 있고 선구자가 될 수도 있다.

자, 지금 당장 노트를 펴라. 거기에 당신의 삶을 적고 앞으로의 희망을 찾아보라. 그다음 내가 해야 할 일과 즐겨야 할 일을 고르면 된다. 당장 내가 내일 일해서 벌지 않으면 가족이 굶지 않는 한, 준비할 시간은 중요하다. 그리고 내가 내일 일을 하지 않으면 가정이 힘들어지는 경우, 은퇴 후에 뭔가를 하기보다 은퇴 전부터 준비해야 한다. 은퇴 후의 삶은 생각보다 기댈 곳이 없기 때문이다.

본업이 있을 때 골든타임을 잡아라

얼마 전 강사를 준비하는 후배와 식사를 했다. 그가 강사를 준비하게 된 계기는 가까이에서 모시는 임원을 보고 결정했다고 한다. 후배가 다니는 회사는 임직원 100명이 조금 넘었기에 임원이 많지 않았다. 그래서 임원에 대한 소문이 빠르게 날 수밖에 없다. 회사의 꽃은 임원이다. 하지만 임원은 '임시 직원'이란 별칭이 있듯 1년씩 재계약한다. 임원은 1년 연장을 위해 목숨을 건다고 한다.

후배는 적당한 아부는 필요하다고 생각했지만 아부의 수준이

꼴사나웠고, 성과를 내기 위해 부장, 차장들의 성과를 가로채는 모습까지 보게 되었다. 어느 날 술을 마시는데 임원은 "끝까지 회사를 다녀야 한다."고 선포했다. 후배는 왠지 모르게 삶의 전부가 회사 같다는 느낌이 들었다. 같은 가장으로서 안타깝기도 하고, 자신도 몇 년 후 똑같이 모습이 될까 두렵기도 했다고 전한다.

후배의 말을 듣고 인사철마다 불안해하는 임원의 모습을 상상했다. 만약 미리 준비했다면 훨씬 멋진 모습으로 회사를 다니거나 후배들의 박수를 받으면 은퇴하지 않을까. 그래서 나는 후배들에게 본업이 있을 때가 골든타임이라고 말한다. 준비하지 않으면 궁지에 몰려 더더욱 다그칠 수밖에 없다.

대부분의 자기계발서는 은퇴 전 5년이 골든타임이라고 말한다. 나 같은 경우는 10년 전부터 준비했기 때문에 빠르면 빠를수록 좋다고 권유할 수 있다. 은퇴를 하고 난 뒤 초기에 어떤 상태에서 출발하느냐는 매우 중요한 문제이다. 먼저 자신에 대해 알아야 한다.

'초기부존자원'이라는 경제 용어가 있는데 통상 인적자본, 물적자본, 자연자원, 금융자산, 사업 능력 등 무언가를 시작하기 전 가지고 있는 자원을 지칭한다. 은퇴 후의 삶은 바로 이 초기부존자원에서 승부가 난다. 만약 내가 돈이 넉넉하지 않다면, 다른 부분에서 이것을 채워야 한다.

이런 탓에 전문가들은 은퇴 전후 5년을 매우 중요하게 여긴다. 은퇴 직전의 경우 부존자원을 만들 수 있는 마지막 기회이고 은퇴 후 초기는 이런 부존자원을 가지고 노후 생활을 출발해야 하기 때문이다. 즉, 부존자원을 준비하는 것뿐만 아니라, 이런 부존자원을 어떻게 활용하느냐가 은퇴 후 삶을 유지할 수 있는 힘이 된다.

예를 들어 은퇴 후 고민 없이 바로 창업을 시도하여 모아둔 자금을 다 날린다든가, 은퇴 후 금융자산을 목돈으로 가지고 있다 사기를 당하는 케이스 등이 그것이다. 그것뿐만 아니다. 자식의 사업 자금을 대주다 가진 자원을 완전히 소진한다든가 하여 남은 기회마저 날리는 경우도 있다.

결국 은퇴 전 금융자산과 인적자본, 그것이 아니라면 한 가지의 기술이라도 익혀둬야만 은퇴 후에 원만한 삶을 유지할 수 있다. 만약 당신이 은퇴 후의 삶에 대한 충분한 금융자산이 확보되지 않았다면 바로 준비해야 한다. 돈이 아니라 기술을 말이다. 기술이라는 능력이 있어야 새로운 출발을 할 수 있기 때문이다.

새로운 기술이 아닌 자신이 가진 전문성을 더 키우는 방법도 있다. 화려한 것보다 내실이 있는 행위가 은퇴 후 삶을 크게 변화시킬 수 있는 것이다. 냉정하게 말하면, 은퇴 10년 전부터는 다시 학교로 돌아간다는 마음을 가져야 한다. 대학을 가기 위해 열심히 공부했던 것처럼 은퇴 후의 삶을 위해 무언가에 매진해야 한다. 즉, 자신에게 투자해야 한다.

나 역시 지금의 웃음치료를 배우기 위해 아내 몰래 카드빚을 내면서까지 교육을 받을 때가 있었다. 당시 주변에서는 "왜 그렇게 빚까지 내가면서 철없이 살려고 하느냐?"고 핀잔을 주었다. 하지만 그때의 고생이 지금 은퇴 후의 삶을 더 빛나게 하고 있다. 나에게 핀잔을 주었던 사람들은 길을 찾지 못한 채 TV 앞에 앉아 있다.

나는 종종 '그때 시작하지 않았더라면…' 하고 당시를 회상할 때가 있다. 만약 그랬다면 나는 앞으로 10년은 공부해야 했을 것이다. 정말 아찔하지 않을 수 없다. 웃음치료를 배우고 그것을 통해 수익이 창출되고 그 수익이 생존을 넘어 삶의 의미가 되고 있는 지금에서는 10년 전 내가 했던 노력에 대해 정말 감사할 따름이다.

얼마 전 돈이 없어 식사도 제대로 못 하는 일본 노인들의 현실을 담은 NHK의 탐사 프로그램이 일본 전역에 큰 충격을 주었다. '노후 파산'이라는 이 프로그램은 이후 책으로도 출간되었고, 최근 한국에서도 번역되어 주목을 받았다. 일본에서도 은퇴 후 노후 생계비 걱정을 하는 고령자들이 많이 있다. 특히 '남들은 잘사는 데 나만 노후 빈민으로 추락할 수 있다'는 걱정은 거의 공포에 가깝다고 한다.

이와 관련해 얼마 전 일본 경제 월간지 《오프(OFF)》가 '노후 빈민 5대 패턴'이라는 기획기사를 실었다. 은퇴전문가들이 생계비 부족으로 고생하는 은퇴자들을 살펴보니 5가지의 공통점이 있었다. 특히 50대 중반부터 60세까지, 그러니까 자녀들이 녹립한 이후부터 정년퇴직 때까지 5년이 노후 빈민과 노후 부사를 가르는 승부처라는 것이다.

전문가들은 노후 빈민들은 이 '황금의 5년'을 허무하게 날려버리는 경우가 많았다고 지적한다. 먼저 저축할 마지막 기회에 오히려 지갑을 풀어헤치는 흥청망청형이다. "애들도 독립했는데, 이제 우리도 즐겨야지." 이런 생각으로 부부가 휴일 외식을 일삼고 여행 삼매경에 빠지는 경우다. 자녀들의 교육비 대느라 저축 기회를 놓친 교육비 빈민형도 대표적인 노후 빈민 예비군이다. 수천만 원 들여 4년간 대학을 보내줬더니 취직은 뒷전이고 "대학원에 진학하여 공부를 더 하고 싶다. 유학을 가고 싶다"는 말을 연발하는 자녀들이 있어서는 풍족한 노후를 기대하기 어렵다.

40세가 넘은 '고령'에도 결혼하지 않고 부모 곁에 죽치는 '패러사이트 자녀'도 노후의 큰 리스크가 아닐 수 없다. 갑작스럽게 부모를 간병해야 할 처지에 이르는 경우도 노후 빈민의 주요 패턴으로 지목됐다. 부모 간병으로 일을 그만둬야 할 상황이 발생하기도 하는데, 이럴 경우 노후 저축은커녕 그동안의 저축을 허물어 사용할 수밖에 없다.

마지막으로 정년퇴직을 앞두고 배우자로부터 날아온 이혼 청구서는 노후 재정의 치명타이다. 지금까지 모아둔 재산과 연금이 반토막 나기 때문이다. 일본 전문가들은 풍요로운 노후를 위해서는 노후 빈민의 5대 패턴을 절대로 피하고, '황금의 마지막 5년'을 똑똑하게 잘 활용해야 한다고 입을 모은다.

골든타임을 시작하려는 사람에게 가장 먼저 해주는 조언은 네트워크를 점검하라고 말하고 싶다. 네트워크가 협력업체 직원밖에 없었다면 준비도 그것뿐이다. 다양한 네트워크가 존재하는 곳으로 가라. 나는 그곳을 봉사활동으로 잡았다. 봉사활동이 어렵다면 독서모임, 자기계발 모임 등 정말 많다. 처음부터 정보를 얻겠다고 들이대면 안 된다. 장기간 활동할 곳을 찾아야 한다. 인터넷 카페도 많고, 오프라인 모임도 많다. 행동하는 사람만이 골든타임을 잡을 수 있다.

자, 늦어도 5년이다. 은퇴 5년 전부터 자신이 가야 할 길을 신중하게 선택하고 거기에 투자해야 한다. 빠르면 더욱 좋다. 준비기간이 길수록 선택에 대한 위험은 줄어들게 마련이기 때문이다. 중요한 것은 골든타임을 놓치면 더 이상 기회가 안 올 수도 있다는 것이다. 젊었을 때는 아무것도 없어도 어떤 기회가 주어졌다. 하지만 은퇴자에겐 그런 아름다운 일은 벌어지지 않는다. 큰돈이 들어가는 일은 없어졌지만, 그렇다고 기회가 다양한 것도 아니라는 것이다.

그래서 똑똑한 은퇴 준비자들은 직업을 만드는 창직을 통해 1인 기업을 만들려고 하는 것이다. 나만이 할 수 있는 데다, 큰 비용이 들지 않기 때문이다. 이것 역시 은퇴 전 골든타임을 충실하게 보낸 사람들의 이야기다.

1인 기업으로 놀 수 있는 밑살기를 만들어라

직장인이라면 누구나 꿈꾸는 단어가 있다. 바로 창업이다. 남의 눈치 안 보고 당당히 사장으로서 일하는 것이 직장인의 꿈 중 하나라고 할 수 있을 것이다. 하지만 사업이라는 것이 결코 쉬운 것이 아니다. 경영 능력은 둘째치고라도 막대한 자금이 소요되기 때문이다. 남 밑에 있기는 힘들고 사업은 큰돈이 들고….

그러다 보니 대안으로 제시된 것이 바로 1인 기업이다. 상당수의 자기계발서 작가들은 1인 기업에 대해 높게 평가를 하는 편이다.

나 역시도 그렇다. 100세 시대를 맞이해서 은퇴자가 살길은 1인 기업이 최적이기 때문이다. 대부분의 직장인은 여러 가지 고민을 안고 직장생활을 한다.

"이놈의 회사 당장 때려치울 수도 없고…."

"이건 내가 바라는 인생이 아닌데…."

이런 고민을 한다. 혹자는 "인생 2막 만큼은 진짜 내가 원하는 대로 살고 싶다"는 사람도 있다. 내가 만나본 많은 사람들은 1인 기업에 대한 꿈을 고백하는 경우가 많았다. 1인 기업이 매력적인 이유는 자기 시간을 의지대로 조절하고, 하고 싶은 일을 하는 결정권을 가지고 있기 때문이다. 남의 지시가 아니라 자신의 로드맵에 따라 삶을 디자인함으로써 즐겁고 신나는 인생을 살 수 있다. 심지어 은퇴나 정년조차 스스로 결정한다. 놀고 싶을 때 놀고 일하고 싶을 때 일하는 진정한 드림워커인 셈이다.

이런 매력이 있음에도 많은 이들이 선뜻 시작하지 못하고 주저하는 이유는 1인 기업을 하려면 직장을 그만둬야 한다고 생각하기 때문이다. 하지만 꼭 그렇지 않다. 은퇴 후 1인 기업을 구상히며 직장 내에서 준비할 수 있다. 아니 어쩌면 직장이야말로 1인 기업을 준비할 수 있는 최적의 장소이다.

잘나가는 1인 기업가들은 대부분 직장에 다니는 동안 또 다른 파이프라인을 구축한 사람들이다. 그들이 특출 나서가 아니다. 현재 업무나 평소 즐기던 취미를 콘텐츠로 만들어서 돈이 되는 파이프라인을 구축하는 것은 사실 생각보다 쉬운 일이다. 그렇기에 직장이라는 생계유지 수단이 있는 상황이야말로 그런 아이템을 찾아내기에 최적인 것이다.

아울러 인생 2막의 최고 대안은 1인 기업이다. 남의 눈치를 보거나 남의 페이스에 휘말리지도 않을뿐더러 가고자 하는 길이 아무도 가지 않는 길이라고 해도 딱히 두려울 것도 없다. 안 되면 접으면 그만이기 때문이다. 오히려 꿋꿋하게 자기 발자국을 남기면서 뚜벅뚜벅 걸어가는 것이 운명을 바꿀 수도 있다.

1인 기업의 매력은 자본의 힘이 미치지 못하거나 파악하지 못한 틈새시장을 선점하기에 무척 효율적인 구조로 되어 있다는 것이다. 대기업인 코끼리가 따라오지 못하는 신속한 의사결정 능력과 과감한 실행력으로 블루오션 시장을 선점할 수 있기 때문이다. 그리고 이런 엄청난 기회를 붙잡는 데는 자신만의 고유한 콘텐츠 외에 특별한 자격이 필요치 않다. 미래를 신나고 즐겁게 살아가고 싶다면 자신만의 지적 재산을 갈고닦는 데 집중하면 되니까 말이다.

시간에 구애받지 않고 인간관계에 상처가 적은 1인 기업으로 안착하기 위해선 필살기가 있어야 한다. 나는 그것을 잘 놀 수 있는 것에서 찾아야 한다고 생각한다. 이유는 다음과 같다.

첫 번째, 2배 이상 일해야 하기 때문에 즐기지 못하면 중도 포기한다. 공병호 소장의 『1인 기업가로 홀로서기』에는 1인 기업을 꿈꾸는 후배들에게 깔끔하게 조언한다. "2배 일할 각오면 됩니다"가 조언이다. 나 역시 이 말에 동의한다. 강의가 있으면 강의 준비시간, 이동시간, 강의시간 등 많은 시간이 든다. 강의가 없다면 영업, 기획, 홍보 세금, 행정 등 다해야 한다. 가만히 돌아보니 딱 2배가 맞다. 놀지 못하면 힘에 부쳐 포기할 수밖에 없다.

두 번째, 수입이 불안정할 때 재미가 위안을 준다. 1인 기업 또는 창업을 선포하고 무너지는 이유는 사실 수입 때문이다. 수입이 괜찮은데 다시 이력서를 쓸 필요는 없다. 알다시피 세상 모든 일이 만만치 않다. 나만의 필살기가 있어도 전문가가 즐비한 세상에 초보인 나에게 일거리를 주지 않는다. 이건 진리에 가깝다. 초기 수입이 불안정한데 일마저 재미없다면 위안거리가 없다. 그래서 필살기가 놀 수 있는 선택이어야 한다.

세 번째, 얼리어답터(신제품을 가장 먼저 사용해보는 소비자) 정신은 재미가 있어야 한다. 앞에도 언급했듯 1인 기업은 변화를 가장 먼저 감지하고 대응하는 기업이다. 그래서 얼리어답터 정신이 있어야 한다. 가장 먼저 사용하고 거기서 새로운 무언가를 만들어내야 한다. 재미가 없다면 신제품 또는 트렌드에 관심이 없다. 잘 놀 수 있는 분야는 변화를 누구보다 빨리 받아들이고 앞서가는 1인 기업이 될 수 있다.

    1인 기업으로 안착하고 싶다면 필살기가 필요하고, 필살기는 놀 수 있는 걸 선택해야 한다. 그렇지 않다면 3개월~1년 안에 이력서를 다시 쓸 수밖에 없다. 도자기로 성공하겠다고 1인 기업을 선포한 김소영 씨가 있다. '카네이션 도자기'로 이름이 알려진 도예작가이기도 하다. 미술을 전공한 그녀는 여행자금을 마련하기 위해 도자기를 만들었다. 평범한 도자기로는 경쟁력이 떨어져 '카네이션 도자기'를 만들어 인터넷에 팔았다.

    900℃가 넘는 가마 앞에 초벌, 재벌을 하는 건 쉬운 일이 아니지만 300만 원을 마련해 산티아고 여행을 간다. 여행에 돌아온 그녀는 도자기로 성공하겠다고 선포한다. 지인 작업실을 빌려 1인 기업을 시작한다. 훗날 스스로도 1인 기업의 처음 모습은 거지 신세였다고 한다. 작업을 유지하기 위해 문화센터, 방과 후 교사를 하며 돈을 번다. 너무 힘들어 취업을 진지하게 고민했지만 도자기 만들기가 재미있어 사업을 그대로 유지했다.

    "벌고, 투자하고, 갚고, 빌리고, 벌고…"

    사이클이 비슷했다고 한다. 또한 SNS가 수입으로 이어지기 때문에 하루 5시간 SNS를 한다. 작업에 집중하고 싶어도 돈을 벌기 위한 어쩔 수 없는 선택이다. 그렇게 5년을 매달린 끝에 안정이 되기 시작했다. 지금은 도자기 액세서리라는 새 영역을 확장 중이다. 그녀의 꿈은 무형문화재가 되는 것이다. 지금도 꾸준히 1인 기업을 하고 있다.

누군가 "지금 하는 1인 기업, 5년 후에 안정됩니다"라는 말을 하면 버틸 수 있다. 하지만 언제 안정될지 모르는데 포기하지 않고 꾸준히 한다는 것은 힘든 일이다. 도자기를 가지고 노는 탁월한 능력이 있기 때문에 버틴 것이라 생각한다. 결국 1인 기업의 필살기는 '놀 수 있는 것'이다. 그녀는 1인 기업을 꿈꾸는 사람에게 다음과 같이 조언한다.

"꼭 당부하고 싶은 것이 있습니다. 이걸 하면서 돈이 없어 거지같이 살더라도 이것만은 꼭 해야겠다는 생각이 들 때 해야 합니다. 그렇지 않으면 대부분 2년 안에 그만두게 돼요. 저 역시 금전적인 여유나 다른 어떤 것보다 도자기를 사랑했기 때문에 지금까지 하고 있는 것 같아요. 그렇지 않았다면 1년도 안 돼 그만뒀을 겁니다."

그녀는 도자기라는 놀 수 있는 필살기를 발견했고 꾸준히 파고들었다. 과정은 힘들었지만 이젠 자신이 그리고 싶은 그림을 그리며 나아가고 있다. 1인 기업에게 필살기가 없다면 고객이 찾아줄 일도 없다. 놀 수 있는 걸 가지고 필살기를 만들어라.

준비만큼 나를 지탱해주는 것도 없다

변수가 많은 게 우리네 삶이다. 워낙 다양한 변수로 인해 잘 사는 인생이 무엇인지 알 수 없다. 인생의 변수에 대해 모 스님의 강의를 듣다가 나도 모르게 고개를 끄덕였다.

"'성공했다'라는 기준은 10대에서 50대까지는 말할 수 없습니다. 학벌, 직업, 배우자, 자녀 등 엎치락뒤치락하는 요소가 다양하기 때문입니다. 하지만 60대 넘어서면 판단할 수 있습니다. 변수가 적어지기 때문이지요. 그리고 현 상황과 비슷하게 노년을 보냅니다."

60대도 변수가 많지만, 60대면 어느 정도 자리를 잡았다고 할 수 있다. 10대에서 50대까지는 자신의 미래를 보기 힘들지만 60대부턴 어느 정도 가능할 수 있다. 여기서 직장인 경우는 조금 다르다. 직장인은 선배들이 있다. 특별나지 않은 이상 대동소이할 뿐이다. 직장인은 선배들의 모습을 많이 따라간다. 직장 안에서 자신의 미래를 보고 싶다면 선배들을 관찰하면 된다.

"선배들을 생각하면 답답합니다만 저도 닮아가고 있네요."

은퇴 직후 어느 후배의 말이다. 내가 오히려 답답했다. 미래의 모습이 보이는데 준비하지 않고 속앓이만 하니 답답한 모습이었다. 미래가 보이면 준비해야 한다. 그 준비를 놀 것으로 하라 말하고 싶다. 준비의 중요성을 새삼 강조하는 이유는 강의에서 겪은 일이 있었다. 강사라면 누구나 한번쯤 겪는 일이다.

5~6년 전쯤이었다. 당시 나는 직장을 다니면서 주말에 시간을 내 웃음지료 강의를 다니고 있었을 때였다. 그때 나에게 강의 요청이 들어온 것 중 하나가 소방관들 교육이었다. 180여 명의 소방관늘 앞에서 강의를 한다는 것은 그때의 나로서는 상당히 영광스럽

고 또 그만큼 부담이 되는 일이었다. 만반의 강의 준비를 하고 그것을 USB에 담아서 강의 장소로 갔다. USB 안에는 당시의 모든 지식이 집대성되어 있었다.

그런데 사단이 났다. USB 파일이 깨진 것이다. 순간 당황한 나는 180여 명의 소방관 앞에서 낑낑대며 파일을 살리려고 했지만 끝내 실패하고 말았다. 그 순간부터 머릿속이 깜깜해졌다. 알았던 이야기도 지워지고 평소 자신 있게 했던 농담마저도 어버버거리며 나오지 않게 됐다. 자료 없이 어떻게 강의는 했지만 후폭풍은 여지없이 몰아쳤다. 강의를 듣던 고위 소방관이 나에게 강의를 의뢰했던 사람을 불러 크게 혼을 낸 것이다.

그 이야기를 건네 들은 나는 한동안 우울증 비슷한 게 올 정도로 후유증에 시달렸다. 그러나 그 경험 때문인지 그 뒤로는 강의를 할 때마다 준비를 더욱 철저히 하게 됐다. 자료가 깨질 경우를 늘 대비하고 필요한 것들은 항상 숙지했다. 자료만 믿던 나태함을 버린 것이다. 만반의 준비만큼 든든한 것은 없다.

특히 1인 기업가일수록 더욱 그렇다. 철저한 준비가 수반되지 않는다면 1인 기업은 생존하기 힘들다. 적은 자본이 소요되는 대신 1인 기업의 진짜 자산은 바로 '준비'이기 때문이다. 1인 기업은 모든 결정을 혼자 내려야 한다. 빠른 결정과 행동을 불러오는 장점이 있는 반면에 다양한 시각이 부족해질 수 있다.

하지만 많은 사람이 의논해서 내린 결정이 옳다는 근거도 없을

뿐더러 완벽한 결정이란 없다. 그래서 가장 중요한 것은 의사결정 다음을 미리 준비하는 것이다. A와 B 중에 A를 선택했다면, A가 안 될 경우 다음에 어떻게 할 건지를 미리 생각해 놓는 것이다. 그러면 빠른 행동이 가능해지고 실패의 좌절감을 생각할 겨를도 없이 앞으로 나아가는 내 모습을 확인할 수 있다. 이런 결정과 문제 해결 방식이 1인 기업의 가장 큰 핵심 경쟁력이 되는 것이다.

요즘 인기를 끌고 있는 '시원스쿨'이라는 인터넷 강의사이트가 있다. 짧은 시간에 영어 학원 업계 3위 도약한 곳인데 놀랍게도 이 곳은 500만 원으로 창업한 1인 기업이 그 시초이다. 그런데 12년 만에 여의도에 300억 본사를 갖게 됐다. 시원스쿨 창업자인 이시원 대표는 지난 2004년, 24세의 나이에 캐나다 유학생활을 마치고 귀국했을 때 시쳇말로 '백수'였다고 한다.

중소 무역회사에 취업했지만 경영난으로 얼마 지나지 않아 회사가 문을 닫았다. 밀린 임금도 받지 못했다고 한다. 방황하던 그에게 '영어'가 운명으로 다가온 것은 순전히 우연이었다. 캐나다에서 유학생 대상 영어과외를 한 경험을 살려 서울 강남 영어학원에 '대타' 영어강사로 2주간 일한 게 그의 운명을 바꿔놓았다. 그는 우연을 필연으로 만들어 자본금 500만 원으로 설립한 '1인 기업' 시원스쿨을 만들었다. 인터넷으로 강의를 하는 것이다.

시원스쿨도 초기엔 1인 기업이 겪어야 할 어려움을 경험했었다.

이 대표는 2007년 디도스(DDoS·분산서비스 거부) 공격이 한창이던 때를 가장 어려웠던 시기로 꼽았다. 디도스 공격을 자처한 이로부터 500만 원을 주면 공격을 멈추겠다는 협박을 받았던 것이다. 창업 초기였던 터라 "이러다 망하는구나." 싶었지만 이 대표는 정면승부를 했다. 한 번 돈을 주면 같은 일이 반복될 것이라는 게 가장 큰 우려였기 때문이다.

다행히 공격은 멈췄고, 시원스쿨은 초기 벤처기업답지 않게 보안 분야에 과감한 투자를 단행했다. 이른바 준비를 철저히 한 것이다. 그렇게 하나씩 위기를 극복하면서 시원스쿨은 점차 유명세를 얻었고, '월급을 제때 제대로 줄 수 있을 때까지 사람을 채용하지 않겠다'는 원칙에 입각하여 첫 번째 직원을 뽑을 때까지 상당한 시간이 걸리기도 했다.

이 이야기에서 두 가지를 알 수 있다. 첫 번째는 시원스쿨의 이 대표는 자신이 익숙한 것으로 사업을 시작했다는 것이고, 두 번째는 직장인을 위한 인터넷 강의라는 틈새시장을 공략했다는 것이다. 이것이 1인 기업의 장점이다. 마지막으로는 바로 준비성이다. 한번 위기를 경험한 뒤 이 대표는 그에 대한 대비를 한다.

가장 좋은 것은 위기를 미리 예견하고 그것을 사전에 막는 것이지만, 그러지 못할 경우도 수두룩하다. 철저한 준비는 1인 기업을 하려는 사람들에게 필수 불가결한 일이다. 은퇴자들도 마찬가지이다. 준비가 없이 세상을 마주할 때 오는 충격은 상당히 크다. 아니 준비가 있었어도 회사를 나올 때는 디딜 곳이 없어졌다는 느낌을 받는데, 그렇지 않을 경우는 오죽할까.

결국 은퇴 전이나 은퇴 후의 삶은 준비가 관건인 셈이다. 무엇을 어떻게 얼마나 즐겁게 할 것인지를 찾는 것이 은퇴를 준비하는 첫 번째라면, 그것에 대한 다양한 준비를 지속적으로 하는 것이 두 번째이다. 준비가 철저하다면 그만큼 삶도 풍족해진다. 겁날 것이 없어지기 때문이다. 즉, 준비만큼 은퇴자를 지탱해주는 것도 없다.

나만은 다르다는 생각을 갖는 순간 나태함이 밀려온다. 삶에 기적은 흔하지 않다. 나 역시 똑같을 수도 있다는 생각을 갖고 준비해야 한다. 미래가 보인다면 대비하는 게 당연하다. 은퇴 이후가 걱정된다면 준비해라. 준비가 어느 것보다 단잠과 웃음을 선사할 것이다.

만 원이라도 좋다, 벌어 봐야 한다

보험개발원이 지난 2014~2015년 은퇴 준비자 1,266명의 은퇴 준비 실태를 경제 측면(은퇴 후 생활비)과 건강 측면(은퇴 후 의료비) 위주로 분석한 결과 현재 은퇴 준비자들은 은퇴 준비에 대한 관심은 매우 높은 반면 준비는 전반적으로 미흡한 상태라고 한다.

전체 1,266명 중 적정생활비(평균 월 269만 원) 마련이 가능할 것으로 기대되는 인원은 100명(7.9%)이며, 적정생활비 마련은 어려우나 최소생활비(평균 월 196만 원) 마련은 가능할 것으로 기대되는 인원은 102명(8.1%)에 불과했다. 이것만 보면 은퇴 후에도 은퇴 전과 거의 엇비슷한 급여 혹은 절반 이상의 돈벌이가 필요하다고 인식할 수 있다. 실제로도 은퇴 후에 어느 정도의 돈은 필요하다.

하지만 모든 통계가 다 맞는 것은 아니다. 병원비에 들어가는 돈을 제외한다면 은퇴자가 사용하게 되는 생활비는 그리 많이 들지 않는다. 어쩌면 50만 원 이하로도 생활이 가능하다. 다만 문제는, 돈을 적게 쓴다는 것은 그만큼 활동할 수 있는 범위가 좁아진다는 것이다. 은퇴자라고 해서 사회에서 특별한 혜택을 주는 것은 아니기 때문이다.

자본주의에서는 행동만큼의 비용을 지불하는 것이 원칙이다. 결국은 생활비를 적게 쓰려면 적게 활동할 수밖에 없다. 그런데 이런 패러다임을 바꿔보면 어떨까? 하루에 1만 원을 아끼기보다 1만 원만이라도 벌어보는 것으로 말이다. 앞서 주민센터의 공공근로 이야기를 했었다. 휴지를 주우면 1만 원을 받을 수 있는 공공근로 사업 말이다.

내가 이 이야기를 하면 "사람들은 1만 원을 위해 그 시간을 투자하느니 다른 것을 하는 게 더 바람직하지 않느냐?"고 되묻는다. 맞다. 만약 그 시간을 멍하니 TV를 보거나 또는 어디 정자 같은 데 앉아서 그저 우두커니 있지 않는다면, 굳이 1만 원을 벌기 위해 움직이지 않아도 된다.

중요한 것은 1만 원이 아니라 재화를 획득하는 행위를 지속해야 한다는 것이다. 나아가 그 재화 획득의 양이 과거 직장 재직시절과 다르다는 것도 경험해야 한다. 은퇴자나 은퇴 준비자들이 착각하는 것이 벌어들이는 돈의 액수이다. 은퇴 후에도 은퇴 전과 같은 돈을 벌어들일 확률은 상당히 낮다. 그것은 준비를 철저히 하고 오랜 기간 준비해야만 가능하다.

그런데 그런 준비가 일절 되어 있지 않은 상태에서 돈에 대한 관념은 기존과 동일하다면 삶은 굉장히 팍팍해진다. 은퇴 전 살던 집에서 은퇴 후에도 똑같이 살고, 대부분 비슷한 것을 먹고 비슷한 옷을 입지만 마음은 상대적 빈곤감에 시달리게 되는 것이다. 은퇴할 때 이런 마음도 두고 와야 한다.

제로에서 시작하는 만큼 돈에 목적을 두지 말고 돈을 벌 수 있도록 몸을 항상 긴장시켜야 한다는 것이다. 돈을 버는 행위가 어렵다는 것은 우리 대부분 뼈저리게 경험해 왔을 것이다. 그러므로 은퇴 후 다시 돈을 벌기 위해서는 긴장하는 것이 당연하다. 어차피 우리들은 은퇴 후에도 벌어야 한다. 그런 시대이기 때문이다.

가장 좋은 것은 은퇴 다음 날 곧바로 다른 곳으로 출근하는 것이지만, 그렇지 못하는 경우가 태반이다. 그래서 원하든 원하지 않든 잠시 휴식기를 갖게 된다. 이때 잘못하면 현실 감각을 잊어버리게 되는 경우가 많다. 내가 어떤 처지고 어떻게 해야 하며, 적정 벌이는 얼마인지를 잊게 되는 것이다.

그래서 내가 권유하는 것이 작은 벌이라도 나서 보라는 것이다.

될 수 있으면 몸을 쓰는 일이면 더 좋다. 다치지 않는 범위 내에서 몸을 써서 작은 벌이라도 하게 되면 머릿속이 맑아진다. 더불어 돈의 가치를 재삼 확인하게 되어 은퇴자금에 섣불리 손을 대지도 않게 된다. 물론 주변에서는 수군댈 수 있다.

"이전에는 높은 자리에 있던 사람인데, 은퇴하고 나니 저런 일이나 한다"고 말이다. 솔직히 그게 무슨 상관인가. 눈치 보며 살던 직장인 생활도 아니고, 내 인생 2막의 본격 준비를 위해 간단한 적응 훈련 중이라는데, 누가 뭐라 한들 그게 상처나 될까. 만약 여전히 그런다면 당신은 인생 2막을 살 마음가짐이 덜 됐다고 봐야 한다.

전 삼미그룹 부회장이었던 故 서상록(2014년 타계) 씨는 은퇴 후 식당 웨이터가 됐다. 아주 유명한 이야기다. 1989년 《여성동아》에 나온 기사를 보면 이렇다.

> 그는 아주 '특이한' 웨이터다. 근무시간은 오후 6시부터 10시지만 자신의 시간 100%를 식당일에 바치고 있다고 한다. 집에 있으면서도 낮에 손님이 얼마나 왔나 궁금해서 전화를 해보고, 심지어 고추장에 쇠고기와 참기름을 넣고 볶아서 가져오기도 했다.
> "나이 든 사람들 중에는 양식이 입에 맞지 않는 경우도 있잖아요. 같이 일하는 사람들은 집에서 그런 걸 왜 해오냐고 하지만 그건 월급쟁이 생각이에요. 나는 4월 1일자로 이 레스토랑 내가 인수

했다고 생각합니다. 내가 사장이라고 생각하고 일을 해야 손님도 늘고, 그래야 월급도 많이 받을 거 아녜요?"

그의 또 다른 주요 일과는 시간 나는 대로 아는 사람들에게 편지를 쓰는 것이다. 내용은 자신이 일하고 있는 식당(쉔브룬)을 많이 이용해 달라는 것이다. 하루에 30~40통씩이나 보낸다고 하니 보통 정성이 아니다. 그동안 모교인 고려대 홍일식 총장, 동창인 이세기 의원, 이재오 의원, 동아수출공사 이우석 회장, 영화배우 김지미 씨등 많은 유명 인사들이 그의 편지를 받고 찾아왔다.

왜 하필 웨이터가 되고 싶었을까? 그는 특별한 사연이 있는 것은 아니고, 언젠가 꼭 해보고 싶었던 일이었다고 말한다.

"평소 식당에 가보면 저래서는 안 되는데 하는 생각을 할 때가 많았습니다. 손님이 뭘 요구해도 제대로 받아들이지 않고, 잘못된 것을 이야기해도 제대로 사과하는 것을 보기 힘들었습니다. 식당은 밥만 먹는 곳이 아녜요. 기분 나쁜 일이 있으면 풀기도 하고, 인간관계를 맺기도 하는 곳인데 서비스가 제대로 되어야죠. 어떤 사람은 내가 출마하려고 그런다고 하는데, 누가 웨이터 하면 표 찍어준답디까. 나는 웨이터를 평생 직업으로 할 생각이에요."

대기업 중역을 지내다 웨이터로 하향지원을 했지만 일자리를 얻기 쉽지 않았다. 처음에는 자주 가던 단골식당에 취직을 부탁했으나 난처해 했다. 손님으로 오던 사람이 웨이터로 좀 써달라고 하니그도 그럴 법했다. 더구나 우리나라에 환갑 넘은 웨이터가 어디 있는가. 그는 고민을 하다가 왜 웨이터 자리를 원하는지, 얼마나 잘할 수 있는지 두 장 분량의 편지를 써서 열두 군데에 보냈다.

몇 군데서 그를 쓰겠다는 연락이 왔다. 롯데호텔을 비롯해서 중국집도 있었고 국수집도 있었다. 그는 아무래도 고급스러운 데 가면 일도 예절도 제대로 배울 것 같아서 쉔브룬을 택했다고 한다. 또 호텔은 외국손님들도 많이 오니까 영어를 할 줄 아는 게 도움이 될 것 같았다. 그는 요즘 일본어 공부를 다시 하고 있다. 롯데호텔에는 일본 사람들이 많이 오기 때문이다.

그의 꿈은 최고 웨이터가 되는 것이다. "어딜 가도 시상록만 한 웨이터가 없더라", "끝내주더라" 하는 소리를 듣는 게 소원이다. 그는 우리나라 사람들은 웨이터를 천시하는 경향이 있다며 웨이터 자신이 프로 정신을 가져야 한다고 강조한다.

"세상에 천한 직업과 존경받는 직업이 있다고 하는데, 스스로 자기가 하는 일을 창피하게 생각하면 그게 천한 직업이에요. 내가 떳떳하지 못한데 누가 존경해줍니까? 존경받으려면 자기 직업에 충실하고 떳떳한 프로가 돼야 하는 겁니다."

그는 일을 하는 데 돈보다 더 중요한 것이 있다고 말한다. 월급이 얼마나 되느냐고 묻자 규정대로 주지 않겠느냐며 정확한 액수는 모르겠다고 한다. 견습 웨이터인 경우 40~50만 원쯤 된다고 하는데, 그것으로 생활이 되겠느냐고 묻자 그는 모르는 소리라며 웃는다. 호텔에 있으니까 드라이클리닝부터 와이셔츠 세탁, 구두 닦는 것까지 다 공짜인 데다 식당에서 밥 주겠다, 자가용 안 타고 다니니 기름값 안 들겠다, 누가 술값 내라고 하지 않겠다, 그게 다 버는 것 아니냐는 것이다. 그는 이제 담배만 끊으면 진짜 돈 쓸 일이 없다고 말한다.

이 기사를 읽을 때만 해도 나는 젊었다. 서 부회장의 선택에 약간 갸우뚱하기도 했다. 하지만 돌아보면 얼마나 현명한 일인지를 알 수 있다. 서 부회장은 웨이터를 바탕으로 인생 2막을 부지런히 즐겁게 살았다. 그는 향년 77세의 나이에 별세했다. 웨이터로 언론에 주목을 받은 이후 TV 예능프로그램과 시트콤 등에도 출연했고, 제16대 대선과 17대 총선에서 노인권익보호당 소속으로 출마하기도 했다. 미국에서도 공화당 중앙상임위원으로 연방 하원의원 경선에 출마하는 등 정치에 도전하기도 했다. 비록 77세 때인 2014년 지병인 췌장암으로 세상을 떠났지만 그야말로 1만 원의 소중함을 통해 인생 2막을 즐긴 사람이라고 볼 수 있겠다.

무점포 무자본의 1인 기업에 도전

"행복은 돈으로 살 수 없지만, 가난으로도 살 수 없다"는 말이 있다. 유대인 학자 레오 로스텐이 한 말이다. 돈이 많다고 해서 행복한 것은 아니지만 아주 없어도 행복하기 힘들다. 더욱이 우리가 사는 세상에서 돈의 가치란 구태여 일일이 설명하지 않아도 알고 있을 것이다.

1인 기업은 다른 말로는 프리랜서이다. 평생 직장에 매여 있는 사람이라면 이 말만 들어도 고개를 저을 것이다. 하지만 나는 적극 추천한다. 은퇴 후 경험과 경력을 쏟아부을 수 있는 것이 바로 이 1인 기업이기 때문이다. 나 역시 1인 기업가로 정착한 후 많은 변화가 나타났다.

무엇보다 가장 크게 체감하는 것은 노후 걱정으로 가지고 있는 재산을 만지작거리지 않는다는 것이다. 차이는 있지만 나는 때에 따라서는 과거 직장에서 번 것보다 더 버는 경우도 있다. 또 앞으로도 이런 상황은 더욱 발전하게 될 것이다. 강의란 하면 할수록 느는 것이며, 경력이 쌓이면 그 가치도 높아지기 마련이기 때문이다.

다시 말해 돈 걱정을 크게 하지 않는다는 것이다. 덧붙여 원하는 시간에 일하고 취미활동을 즐길 수 있다. 무언가를 벌기 위해 아등바등하지 않고 내 스케줄에 맞춰 일을 진행할 수 있다는 여유로움이 생겼다. 직장에 다니면서 매달 월급만 바라보며 숨 가쁘게 뛸 때와는 차원이 다르다.

더욱이 언제 회사에서 나가게 될지 몰라 전전긍긍하고 상사의 눈치를 보며 휴가도 제대로 가지 못했을 때에 비한다면 엄청난 일이다. 나는 말단 직원에서부터 중견 관리직까지 올라갔다. 급여는 올랐을지 모르지만 내 생활은 더 줄어들었다. 명예 역시 마찬가지이다. 대부분은 나를 알아보기보다 명함에 적혀진 직위만을 본다.

직장생활 역시 돈을 벌기 위해 항상 고개를 숙여야만 했다. 또 모두가 당연하게 그런 생각을 한다. 조직구조는 질식할 정도로 빡빡했고 아랫사람들의 추격과 윗사람들의 닦달에 시달려야 하는 게 당연했다. 그런데 1인 기업으로 사업을 시작한 이후부터는 그럴 필요가 없어졌다. 더 이상 직급 때문에 스트레스를 받을 필요가 없었다.

지금의 나는 '누구 씨'나 '누구 부장'이 아니라 '대표님', '선생님'으로 불린다. 이 호칭에 대한 자부심은 엄청나다. 동등한 위치에서 상대에게 도움이 되는 일을 하고 있다는 뜻이 되기 때문이다. 다시 말해 1인 기업가가 되면 다른 사람에게 긍정적인 영향을 미치면서 자유롭게 돈을 벌 수 있다.

정당한 대가를 받고 일하지만 그들은 나에게 고마움을 느끼고 존중해준다. 즉, 돈을 번다는 것이 굉장히 즐겁고 타인에게 도움을 주는 일이 될 수 있다는 것을 깨닫게 해주는 것이다. 다만 혼자서 모든 일을 다 해내야 하기 때문에 무조건 대표로서 무한 책임감을 느낄 수는 있다. 아울러 1인 기업은 기업가로서 동등한 대접을 받는다. 나는 나 자신이 만든 기업의 대표인 것이다.

인터넷을 검색해보면 1인 기업에 대한 이야기를 손쉽게 접할 수 있다. 예를 들어 1인 기업으로 온라인 광고를 통해 수익을 얻고 있는 사람이 하나 있다. 이 사람은 명언이나 좋은 글, 재미있는 글을 네티즌들에게 제공하고 광고를 통해 수익을 얻는 시스템을 운영한다. 이용자들은 좋은 글, 재밌는 글을 소개해줘서 고맙다고 한다. 별것 아닌 일이지만 수익은 대기업 직원에 버금간다.

또 어떤 사람은 1인 기업으로 커뮤니티를 이용하여 사업을 한다. 이 운영자는 공동구매를 통해 월 1천만 원 이상의 소득을 올리면서도 회원들에게 좋은 제품을 저렴하게 팔아줘서 감사하다는 인사를 받고 있다. 돌아보면 이러한 사례는 셀 수 없이 많다. 그렇다면 1인 기업을 어떻게 만들 수 있을까. 자기계발서 작가이며 1인 창조기업 코치인 윤석일 저자가 쓴 『1인 기업이 갑이다_실전편』을 읽어 보면 1인 기업으로 가는 6단계 전략이 나온다. 참조를 해보자.

1단계는 나에게 맞는 천직을 찾는 것이다. 새롭게 시작한다고 해서 지금까지의 삶과 전혀 무관한 분야로 무작정 뛰어드는 건 시작을 어렵게 하는 일이다. 나한테는 익숙하지만 남들에게는 궁금증이 있는 곳, 그 궁금증을 풀어줄 수 있는 곳에서 천직 찾기를 시작하는 것이 유리하다.

2단계는 직장이 아니라 일에 대한 관점을 바꾸는 것이다. 1인 기업이라 해서 무조건 조직 밖에 있어야만 한다는 생각에서도 벗어나야 한다. 물론 장기적으로는 그런 전망을 설정해야 하겠지만, 현재 조직에 속해 있더라도 1인 기업으로 출발할 수 있다. 관점을 바꾸는 것이다. 이때 필요한 것이 현재 조직과 동료, 고객에 대한 서비스 제공자로서의 마음가짐이다. 더불어 항상 우물 밖을 열망하면서 현재 상황과 심리적 독립을 유지하는 것이 필수적이다.

3단계는 최소 수입을 창출하면서 시뮬레이션하는 것이다. 생각으로는 충분히 사업성이 있어 보이지만 막상 사업화했을 때 기대에 미치지 못하는 일도 부지기수로 일어난다. 그래서 필요한 것이 사전 시뮬레이션이다. 조직에 속한 상황에서 현재의 일에 충실하되, 업무 외의 시간을 활용하여 비즈니스를 구체화해 나가는 것이다. 실험을 통해 사업화 가능성을 평가하는 것이므로 부업이나 투잡이라는 개념과는 전혀 다르다는 것을 기억한다.

4단계는 나만의 파이프라인을 만드는 것이다. 비즈니스에도 유행이 있어서 어떤 분야가 순간적으로 인기를 끌기도 한다. 그러면 수요도 늘어나기는 하지만 공급하려는 이들도 급증하기 때문에 금세 경쟁력이 사라지고 만다. 유행을 타지 않고 꾸준히 자기 길을 가기 위해 반드시 필요한 것이 '자기 콘텐츠'이다. 우리는 저마다 다른 인생길과 경험을 갖고 있다. 그것을 자산으로 삼아 더 깊이 파고들어 실제적인 콘텐츠로 만든다면 그것이 바로 자신만의 파이프라인이 되는 것이다. 누구도 함부로 뛰어들 수 없는 단단한 진입장벽을 만들어줄 수 있다.

5단계는 수입원을 다각화, 집중화하는 것이다. 물론 이것은 1인 기업으로 가는 길에 필요한 조언이며 1인 기업으로 안착한 후에는 전문화해야 한다.

6단계는 지속 성장의 토대를 닦는 것이다. '얽매이지 않은 존재'라는 한 가지 사실만으로도 1인 기업은 누구에게나 신망의 대상이 되고 있다. 하지만 혼자서 모든 것을 해내야 하고 문제가 생겼을 때 같이 해결책을 모색하거나 방어막이 되어줄 팀이 없다는 힘겨운 이면도 함께 봐야 한다. 결국 일단 시작했다면 살아남아야 한다. 또 단지 살아남기만 해서는 안 된다. 가능한 모든 방법을 동원해서 자신을 알리고 영역을 굳혀가야 한다.

덧붙여 1인 기업은 무자본, 무점포로 오로지 기업가로서의 마인드만 가지고 있으면 도전이 가능하다. 방법을 모르겠다면 지금부터라도 공부하면 된다. 늦었다고 생각하지 말고 지금 당장 시작한다면 다른 사람들이 돈 걱정을 하며 은퇴시기에 직면할 때 당신은 전성기를 누리게 될 것이다.

1인 미디어를 활용하라

우리 고정관념 속에는 대대로 이어져 오는 인생행로라는 것이 굳게 자리를 잡고 있다. 어떤 나이에는 학교에 다녀야 하고, 어떤 나이에는 취직을 해야 하고, 결혼해서 아이를 낳아야 하고, 승진해서 어떤 직함을 가져야 하고….

하지만 대부분 사람에게 그 정해진 길을 따라가는 건 몹시도 숨 가쁜 일이기도 하다. 혹시나 뒤처질까 불안을 느끼고, 눈치를 봐야 하고, 수시로 평가를 받아야 하기 때문이다. 1인 기업이라는 흐름에 합류할 수 있으려면 가장 먼저 해야 하는 일이 그 고정관념에서 빠져나오는 것이다.

'이렇게 해야 한다'는 정답이 없기에 자신이 원하는 것을, 원하는 만큼 덤벼볼 수 있다. 이처럼 자기만의 길을 만들어가는 것이 1인 기업의 첫 번째 걸음이며 이렇게 할 때 오래도록, 지침 없이, 만족스럽게 갈 수 있다. 여기에 도움이 되는 것이 바로 1인 미디어이다.

1인 미디어란 인터넷의 블로그와 SNS(트위터, 페이스북, 카카오 스토리) 등을 기반으로 하는 것을 말한다. 현대시대에서 그 어떤 매체보다 빠른 속도로 정보를 교류하고 여론을 형성하고 있다. 이는 댓글, 리트윗(retweet), 멘션(mention) 등 1인 미디어의 부가적인 기능을 활용함으로써 특정 이슈에 대한 정보 교류의 시간을 크게 단축하고, 다수의 대중이 인터넷상에 형성된 여론을 실시간으로 인지하면서 그 파급력이 순식간에 확산된다.

즉, 이제는 누구나 정보를 공유할 수 있는 송신자 겸 수신자의 형태로 진화하게 된 것이다. 특히 스마트폰과 태블릿 PC 등 디지털 기기의 보급으로 기존의 전파 인프라를 거치지 않아도 다양한 경로를 통해 미디어에 접근할 수 있게 되면서 1인 미디어의 효과는 갈수록 높아지고 있다.

1인 미디어 기능으로 온라인 사회 연결망을 통해 사회적 관계 맺기, 평판, 추천 등을 통해 정보의 신뢰성과 투명성을 제공하고 이용자의 편의 극대화와 더불어 혁신 메커니즘과 이용자들 간 원심적인 상호작용을 위한 파급력이 대단히 커져 버린 것이다. 이 때문인지 오히려 요즘은 거대 미디어들이 저마다 1인 미디어 형태를 띤 소그룹을 만들고 파급력을 강화하기 위해 안간힘을 쓰고 있다. 자신들이 생성한 뉴스가 파워블로그보다 영향력이 떨어지기 때문이다.

그리고 이런 1인 미디어는 이제 엄청난 돈을 불러오는 플랫폼이 됐다. 일명 대도서관, 씬님, 양띵, 로이조, 지금 나열된 이름을 들어본 적이 없다면 당신은 이미 모바일 트렌드에 뒤처지고 있는 것일 수도 있다. 이들은 수만 명의 시청자를 몰고 다니는 1인 콘텐츠 제작자들로서 인터넷 방송계의 유재석, 강호동으로 불릴 정도로 대단하다. 그래서인지 그들을 체계적으로 관리하는 기획사까지 등장했다.

이같은 1인 미디어 스타들의 탄생은 유튜브에서 시작됐다. 지금 우리 시대는 모바일 네트워크의 진화와 함께 언제 어디서나 콘텐츠를 소비할 수 있는 스마트 미디어 환경이 빠르게 조성되고 있다. 모바일 플랫폼 기반의 미디어, 콘텐츠 시대가 본격화되고 있고 그 중 가장 많이 소비되고 있는 것이 동영상이다.

여기에 이른바 C세대라는 소비자가 등장한다. C세대는 언제나 스마트 기기와 함께하며 자신을 주변과 끊임없이 연결하는 사람들을 일컫는다. 나이와는 무관하게 소셜이나 온라인을 적극적으로 활용하는 세대를 지칭한다. C세대가 일반적으로 가지고 있는 특징은 콘텐츠를 창조하고(Creation), 이를 재구성하고(Curation), 소셜 공간으로 공유하면서(Connection), 소통하는(Community) 특성을 가지고 있다.

이들의 소비행태는 크게 경험, 공유, 소통 중심으로 정의할 수 있다. 전문가의 의견보다 소셜 공간에 올라온 사용 후기를 더 중요하게 생각하고, 좋아하는 브랜드를 주변사람들과 공유하고 사용 후기를 올리는 것은 이들에게 아주 자연스러운 일이다. 그러므로 이들에게는 전문가의 맛에 대한 평가보다 자신이 좋아하는 먹방 BJ가 먹는 모습을 보고 직접 채팅방에서 정보를 물어보는 것이 더 중요하고 가만히 TV 채널을 보는 것보다 내 입맛에 맞는 동영상 채널을 재구성하고 찾아보는 것이 더 익숙하다. 그래서 우리는 이를 적극적으로 활용할 수 있는 것이다.

이제 더 이상 TV 광고가 아닌 스스로 자기 기업에 대한 광고를 만들 수 있고 또 자신을 어필할 수 있다. 당신이 보여줄 수 있는 이야기를 1인 미디어를 통해 보여주고 그것을 좀 더 전문화한다면 1인 기업에는 크나큰 날개가 될 수 있다. 거기엔 엄청난 끼나 엄청난 자본이 투입되는 것이 아니다.

영상이 어울리지 않는다면, 글과 사진이면 된다. 예를 들어 당신이 의자를 만든다고 하자. 그냥 만들어서 팔면, 판로를 확보해야 하고 물량을 맞춰야 하며, 광고도 해야 한다. 그런데 의자 만드는 과정을 하나, 하나를 사진으로 찍어서 블로그에 설명과 덧붙여 소개한다. 의자에 관심이 있는 사람은 검색을 하다 당신의 블로그를 찾게 될 것이고 당신이 만든 의자를 보며 감탄을 할 수도 있다.

이 사람은 곧 당신에게 메일을 보내 구입 의사를 표명할 가능성이 생긴다. 단지 당신은 작업과정을 보여줬을 뿐이지만, 그것으로도 충분히 잠재고객에게 신뢰를 준 것이다. 결국 1인 기업과 1인 미디어는 완벽한 상호보완적 관계일 뿐만 아니라, 엄청난 시너지 효과를 줄 수 있는 파트너이다.

그저 모른다고 고개를 저을 것이 아니라, 변해가는 세상에 대해 시선을 맞추고 한걸음만 더 나아가면 된다. 인생을 살면서 은퇴 전까지 별별 일을 다 겪었는데 이것 하나 할 수 없겠는가. 젊음은 보냈지만, 그렇다고 열정까지 보낸 것은 아니다. 시대를 읽어야 더욱 오랜 시간 즐겁게 같이 갈 수 있다.

과거 제품이 부족해 만들면 팔리는 시기는 지난 지 오래다. 밖으로 들어내야 팔린다. 규모가 있는 기업은 이 문제를 자본으로 해결하지만 1인 기업, 프리랜서들은 그림의 떡이다. 방법은 1인 미디어로 접근할 필요가 있다. 1인 미디어는 갈수록 정교화되어 가고 있나. 중요한 건 운영하는 사람의 마음이다. 무료로 포털사이트에 홍보를 할 수 있는 방법은 1인 미디어에 숨어있다.

강의가 끝나고 눈이 피로해 블로그에 글 올리기를 미루고 싶을 때가 있다. 그럴 때일수록 빨리 끝내고 쉬는 게 낫다는 마음으로 블로그 관리를 한다. 친구들 중 블로그를 운영하는 사람은 몇 명 없다. 별것 다 한다고 핀잔 아닌 핀잔을 받지만 1인 기업으로서 살아가는 방법이다. 최근 블로그를 보고 강의 의뢰가 늘어났다. 어느 날 중구청 평생교육과에서 한 통의 전화를 받았다. "여기 중구청 평생교육과인데요, 블로그 보고 전화합니다. '펀펀펀 생활 활력프로그램' 10회 강의를 해 줄 수 있나요?" 당장에 "예!"라고 했다. 고마운 일이며 꾸준함의 승리라고 생각된다.

은퇴 전 1인 미디어를 미리 확보하자. 무엇이든 상관없다. 선택된 1인 미디어를 꾸준히 한다면 은퇴 후 나를 세상에 외치는 큰 무기가 될 것이다. 바쁘고 힘들다는 핑계를 댄다면 어쩔 수 없다. 하지만 누군가는 책을 보고 SNS를 배우고 잠깐 시간을 활용해 자신의 1인 미디어를 완성해 나간다.

인간관계에선 진심이 전부다

　나는 웃음치료를 하면서 많은 사람들을 만난다. 예전에는 사람을 만난다는 의미는 직업적으로 혹은 내가 필요해서가 주된 이유였다. 지금도 이 이유가 반영되긴 하지만 무언가 다르다. 과거엔 내가 할 말을 먼저 그리고 많이 했지만 지금은 그들의 이야기를 많이 그리고 깊게 듣는다.

　나는 강의를 할 때에 재미나는 멘트로 대중을 웃기기도 하고 우스꽝스러운 액션을 취하기도 한다. 재밌는 사람이라는 표현도 자주 듣는다. 하지만 사람들이 나를 자주 찾는 이유는 내가 진심을 담아 그들의 이야기를 듣기 때문이다. 강의를 마치면 많은 사람들이 물어온다. 때에 따라서는 고민을 이야기하기도 한다.

나는 해결책을 주기보다 그들의 이야기를 주의 깊게 듣는다. 그러면 신기하게도 나에게 말을 하는 과정에서 그들의 마음이 치유되는 것을 종종 볼 때가 있다. 1인 기업이던 은퇴 후의 삶이던 우리는 다시 사람들을 만나야 한다. 부대끼고 화내면서 서로에게 많은 영향을 주고받는다.

은퇴 전의 삶이 어떤 것이었는지 돌아본다면, 대부분은 인간관계 부분에서 높은 점수를 주지 못할 것이다. 왜냐하면 그 시기는 목적을 위해 사람을 만났기 때문이다. 하지만 은퇴 후는 다르다. 1인 기업을 하더라도 시간이 쫓기거나 무언가를 바로 성취해야 하는 것이 아니다. 그러므로 더욱 인간관계에 집중할 수 있다.

사실 우리 모두는 알고 있다. 대부분의 인간관계가 그러하듯이, 내 마음의 진심이, 진정성이 상대방에게 전달될 때 비로소 상대도 나의 진심에 공감하고 보다 나은 인간관계, 인맥구축이 형성이 되는 것이라고 말이다. 사람과의 관계를 더 깊게 하는 것의 기본은 그 상대가 중요한 존재로 인정받고 있다는 느낌을 받도록 하는 것이다.

미국의 유명한 철학자 존 듀이(John Dewey) 박사는 인간 본성의 가장 심오한 욕구는 '중요한 존재로 인정받고자 하는 욕구'라고 말했다. 지그문트 프로이트(Sigmund Freud)는 이 욕구를 '위대해지고자 하는 욕구'라고도 불렀다.

예를 들어 가난에 시달리며 정규 교육을 받지 못한 잡화점 점원이 우연히 얻게 된 법률 서적을 공부하게 되었던 것도 이 욕구 때문이었는데, 그가 바로 링컨이었다. 이는 모든 사람이 가지고 있는 욕구이다. 그렇다면 이 중요한 존재로 인정받고 있다는 느낌을 얻을 수 있는 방법은? 명확한 것은 없다.

록펠러는 다 쓸 수도 없을 정도의 재산을 모아서 위의 욕구를 충족하려 했고, 수많은 소년 소녀들이 갱단에 가입해서 범죄를 저지르는 것도 선정적인 신문에 자신의 이름이 쓰이는 자부심을 얻기 위해서라고 한다. 누군가는 남을 돕는 것에서, 누군가는 범죄를 저지르는 것에서, 또 호칭에서, 대우받는 것에서 등 사람들이 중요하게 생각하는 것은 정말 다양하다. 일부는 중요한 존재로 인정받지 못한다는 현실을 받아들이지 못하고 그 느낌을 얻고자 미쳐 버린 사람들도 있다고도 한다. 다시 말해 이 욕구를 진지하게 들어주고 진심을 담아 고개를 끄덕이는 것만으로도 사람은 상대에게 큰 위로와 행복감을 느낄 수 있다.

미국 비즈니스 역사상 최초로 백만 달러 이상의 연봉을 받았던 찰스 슈왑(Charles schwab)은 천재도 아니었고 전문 지식이 뛰어난 사람도 아니었다. 그는 자신의 성공 비결로 '사람들에게서 최선을 이끌어내는 방법인 인정과 격려를 사용했기 때문'이라고 얘기했다. 즉, 대부분의 사람들에게 통하는 '중요한 존재로 인정받는 느낌을 주는' 방법이 진심을 담은 칭찬과 인정이라는 것이다.

앤드류 카네기가 이룬 경이적인 성공도 여기에 기반했다. 그는 함께 일하는 사람들을 공적인 자리뿐 아니라 사적인 자리에서도 칭찬하고 격려했다. 심지어 자신의 비문에서도 남을 칭찬하는 내용을 쓰고 싶어 했고, 결국 비문의 내용은 '자신보다 더 현명한 사람들을 주변에 둘 줄 알았던 한 사람, 여기 잠들다'로 적혀 있다.

여기서 '칭찬'과 '아첨'을 구분해야 할 필요가 있다. 둘의 차이는 뭘까? 간단하다. 둘의 차이는 진심이냐, 아니냐의 차이다. 마음에서 우러나온 것이냐, 입에서 나온 것이냐의 차이인 셈이다. 아첨은 가짜이기 때문에 결국에는 이득보다 손해를 더 많이 가져다준다. 이를테면, 가짜 돈을 다른 사람에게 건네면 문제가 생기는 것과 유사한 것이다.

더불어 우리가 일상생활을 하면서 가장 무시하게 되는 덕목 중의 하나가 인정이다. 부모가 자녀를 인정해줬을 때만큼 아이를 기쁘게 하는 일은 없고, 강연자들이 가장 낙담하는 때는 열심히 얘기했는데도 감사의 말 한마디 듣지 못할 때이다. 대인관계에 있어서 잊지 말아야 한다.

다른 사람의 이야기를 진지하게 들어주고 그의 장점에 대해 생각해보고, 진심에서 우러나오는 칭찬을 아낌없이 준다면 그 사람은 당신의 사람이 되는 것이다. 진심은 어느 시대, 어느 장소, 어느 누구에게도 통하는 마법의 키워드 같은 것이다.

나는 노인들에게 웃음치료를 강의할 때마다 웃기게 망가진다. 그들이 좋아하기 때문이다. 그들이 나를 보고 웃어주면 서서히 닫혔던 마음을 열게 되기 때문이기도 하다. 또한 그런 행동은 내가 그들에게 보여줄 수 있는 진심이기도 하다.

은퇴를 준비하는 사람이 한 가지 더 준비해야 할 것이 있다. 인간관계의 진정성이다. 현직에 있을 때는 많은 사람에게 대접받는다. 내가 잘나서가 아니라 명함이 잘나서라는 점을 명심해야 한다. 많은 은퇴자들이 상실감을 느끼는 부분이다. 현역에 있을 때간, 쓸개 다 빼줄 것 같은 사람도 은퇴하면 뒤도 안 돌아보고 사라진다. 이건 인간관계의 또 다른 진심이다. 기꺼이 받아들이고 미리 연습하는 것이 좋다.

강의에서 종종 사용하는 방법이 있다. 지금 사용하는 명함에 회사 이름, 직함, 회사전화, 팩스 번호를 빼보자. 남는 건 이름과 핸드폰 번호뿐이다. 나의 현주소다. 그곳을 무엇을 채워야 할지 고민하면서 이름과 핸드폰 번호만 있는 명함을 내밀 때 누가 관심을 줄지도 생각해보자. 사실 가족 빼고 없을 것이다.

은퇴 후를 대비하여 인간관계를 잘하는 것도 중요하다. 그렇지만 인간관계에 오는 허무함과 상실감을 방어하는 것 역시 중요하

다. 회사 직함으로 대접받는 게 아니라 순수 나의 이름으로 대접
받을 수 있도록 준비해야 한다. 그것이 또 다른 인간관계를 준비
하는 방법이다.

길이 없다면 창직에 뛰어들어라

내가 지금 하고 있는 웃음치료사는 현대에 와서 만들어진 직업이다. 역사도 그리 오래되지는 않았다. 15년쯤 전에 만들어졌다. 이른바 창직 행위를 통해 탄생한 것이다. 창직이란 창조적인 아이디어를 통해 자기 주도적으로 기존에는 없는 직업이나 직종을 새롭게 만들어 내거나 기존의 직업을 재설계하는 창업 활동을 말한다.

아이디어를 가지고 자신의 능력이나 적성 등을 활용하기 때문에 창업과는 다른 개념이다. 예를 들어 애완동물의 장례와 관련해 전반적인 절차를 준비해 주는 반려동물 장의사, 개인에 맞는 천연영양제품을 제공하는 바디컨설스타 등이 창직의 대표적인 사례다. 창직은 처음에는 젊은 사람들을 위해 탄생했다. 취업은 어렵고, 은퇴는 빠른 요즘 좋아하는 일, 잘하는 일, 좀 더 의미 있는 일을 찾아 고민하고 있는 젊은이들이 스스로 직업을 만드는 일을 시작한 것이 출발점이다.

직업을 갖는다는 말은 인생을 산다는 말과도 같다. 유년시절부터 성년이 된 이후에도 우리는 끊임없이 직업을 찾기 위해 노력한다. 직업은 삶을 영위하기 위한 수단이기도 하지만 일에 대한 기쁨과 설렘으로 가슴을 뛰게 만들고 살아가는 보람도 느끼게 하기에 여러 의미를 갖는다.

지난 2015년 통계청이 발표한 '2015년 하반기 지역별 고용조사'에 따르면 전국 시군별 실업률 중 경북 구미의 실업률이 5.3%로 가장 높게 나타났다. 경북 구미는 삼성전자와 LG전자 생산공장이 몰려 있는 곳으로 '전자도시'라고도 불리는 곳이다. 그런데 이곳 실업률이 5.3%에 이르러 전국 실업률 1위 도시라는 오명을 얻게 된 것이다.

맥쿼리투자신탁운용은 2016년 초 '인구 변화에 따른 경제적 영향'이란 주제의 기자간담회에서 "인구고령화가 진행되는 한국의 경제성장률은 하향곡선을 그릴 것"이라고 밝혔다. 나아가 "대한민국은 향후 10년간 노동 인구 감소와 은퇴 연령층을 위한 정부 예산 지출이 늘어나면서 경제성장률이 떨어질 수 있다"는 분석을 내 났다.

50~60대 베이비부머 세대가 은퇴하는 시점과 노동인구 감소 시점이 맞물려 경제성장이 둔화될 것으로 전망한 것이다. 실제 현재 직업의 47%는 20년 내에 사라질 가능성이 높고, 그 대신 23억 개의 새로운 일거리가 탄생할 것이라는 분석이 나오는 상황이니 새로운 직업을 만들어내는 '창직'은 선택이 아닌 필수라는 결론이 나온다.

바로 이 부분이 은퇴 후, 재취업이나 창업을 고려해야 하는 중년들이 관심을 가져야 할 대목이다. 그렇다면 창직을 생각해 볼 수 있는 분야는 어떤 것이 있을까. 스스로 새 직업을 창조해내는 창직, 다소 생소하게 느껴지지만 직접 자신의 기술, 능력, 흥미, 적성 등을 활용해 일자리를 창출한다는 뜻이다.

창직은 특별한 재능이 있어야만 할 수 있는 건 아니다. 스펙과 학벌에 상관없이 좋아하는 분야에서 적성과 능력을 발휘할 수 있다면 누구든 시도할 수 있다. 앞서 말한 예 이외에도 온라인쇼핑몰 피팅모델, 프로게이머, 정리정돈 전문가, 스쿨링 매니저 등도 창직의 한 일환이다. 사람들의 라이프 스타일이 바뀌고 새로운 문화가 생기면서 새롭게 요구되는 직업들이 창직을 통해 등장할 수 있는 것이다.

이런 창직을 하기 위해서는 몇 가지 중요한 질문이 있는데 전문가들이 제시한 내용은 아래와 같다.

1. 내가 잘 알고 있는 분야에서 파생된 직업인가?

2. 이 일을 생각하면 기쁘고, 가슴이 두근거리는가?

3. 최소한의 생활을 보장할 만큼의 수익을 창출할 수 있는가?

4. 기존 직업과 차별화되어 있는가?

5. 나의 결과물을 소비해줄 시장수요가 있는가?

6. 직업으로서 지속 가능성이 있는가?

7. 아이디어를 현실에서 실제로 구현할 수 있는가?

이 질문에 대한 구체적인 답변이 내려진다면 당신은 창직으로 뛰어들 수 있다. 새로운 직업, 더욱이 그것이 내가 잘할 수 있는 직업이라면 분명히 인생에 큰 도움이 된다. 아울러 평생 할 수 있는 일이기도 하다. 여기 한 예를 들어보겠다.

현재 브랜드 매니지먼트 MU를 이끌고 있는 조연심 대표는 '지식 소통가'라는 다소 생소한 직함을 가지고 있다. 여기서 말하는 지식이란 결국 '사람'으로 우리 모두 각자의 재능과 직업에 따라 한 분야의 전문가가 되기 마련인데, 이런 지식을 세상에 드러내 활발하게 소통하자는 취지이다.

예컨대 오랫동안 시계에 관심을 갖고 공부해 상당한 수준의 지식을 갖춘 사람이 있다고 가정해 보자. 어쩌면 '개인의 직업 내지는 취미 생활'에 그칠 수 있지만 블로그를 개설해 자신의 색깔이 묻어난 콘텐츠를 올린다면 많은 사람에게 도움이 될 뿐 아니라 자신에게도 좋은 커리어가 될 수 있다. 누군가 블로그를 보고 그에게 시계를 추천해 달라는 의뢰를 할지도 모르기 때문이다. 그 과정에서 조 대표는 '보다 효과적인 PR 방법'을 제시하는 역할을 한다.

"블로그나 SNS를 연다고 해서 무조건 사람들이 몰리는 것은 아니에요. 어떤 콘셉트를 잡아 어떤 콘텐츠로 이목을 끌 것인지 컨설팅 해주고, 그에 따른 피드백을 관리해주는 전문가가 필요하죠."

그녀의 고객은 변호사, MC, 의사, 운동 강사 등 다양한데 개인을 '브랜드화'함으로써 더 많은 기회와 가능성을 엿보고 있다. 그렇다면 그녀는 왜, 또 어떻게 지식소통가라는 '듣도 보도 못한' 직업을 만들었을까.

이에 대해 그녀는 "대학 졸업하자마자 결혼해 아이 둘을 키우다 우연히 YBM SISA 학습지 교사 모집 공고를 보게 됐어요. 그저 영어 전공자라는 이유로 무작정 뛰어들었는데 적성에 잘 맞아 교사 출신으로는 이례적으로 시국장, 국장까지 올라가며 승승장구했죠. 잘나가다 보니 여기저기에서 이직 제의가 많이 들어오더군요. 별생각 없이 두어 번 이직을 했고, 그때마다 새로운 업무와 역할에 적응하려 고군분투했어요. 하지만 회사 사정은 날로 어려워졌고 마흔 직전의 어느 날 혼자 남게 됐죠. 그때 회사의 간판, 직함에 목매지 말고 내가 진짜 좋아하고 잘하는 일을 찾아다니기로 결심했어요"라고 말한다.

말로 소통하길 좋아했던 그녀는 이후 강사로 활동하다 회의감을 맛봐야 했고, 멋모르고 회사를 차렸다 쓰디쓴 실패를 경험하기도 했다. 그러나 닥치는 대로 들어온 일을 소화해가는 동안 영업, 조직 관리, 목표 관리, 기획, 편집 등 그간 차곡차곡 쌓아온 내공이 하나둘 모습을 드러냈다.

그녀는 자신이 성장해가는 과정을 블로그나 SNS를 통해 '디지털 기록'으로 남김으로써 원하는 사람은 누구든 '조연심의 커리어 열람'이 가능하도록 만들었는데, 이를 알아본 사람들이 여기저기 러브콜을 보내기 시작했다. 또한 그녀는 현재 7권의 책을 낸 작가로, '북 TV 365'의 토크쇼 진행자이자 공공 기관과 기업의 강사로 활동하고 있다. 그야말로 21세기의 사회에서 파생된 새로운 직업이라고 할 수 있다. 1인 기업이나 창직이나 생각해보면 그리 어려운 것은 아니다. 출발점은 같다.

'내가 무엇을 잘할 수 있느냐?'

'나를 즐겁게 해주는 것은 무엇이냐?'

바로 이 질문에서 시작한다. 당신은 지금 무엇을 잘하고 있고 또 무엇을 하면서 즐거운가?

부부가 함께하라

　고백하자면 나는 고집이 센 사람이었다. 상의를 잘하는 편도 아니었다. 직장을 다니면서 아내의 반대를 무릅쓰고 웃음치료사 공부를 한 것만 봐도 짐작할 수 있을 것이다. 나는 적극적인데 반해 아내는 다소 내성적인 점도 서로의 관계 형성에 영향을 미쳤을 수 있다. 그래서 우리 두 사람은 서로를 존중하되 개입하지 않는 관계로 지내왔다.

　적어도 은퇴 전에는 그랬다. 하지만 은퇴 후에는 상황이 달라졌다. 1인 기업을 하면서 시간을 조절할 수 있다 보니, 가족의 중요성이 새삼 커진 것이다. 지금은 딸이 낳은 손녀를 보며 시간 가는 줄 모르지만, 아내에게 다가가기엔 약간 어색한 것이 사실이다. 그렇다고 아내를 사랑하지 않는 것은 아니다. 다만 우리 세대가 그렇듯 사랑을 주고받는 표현법이 서툰 것이다.

은퇴 후에 다가오는 세상은 넓은 것 같지만 그렇지 않다. 오히려 좁아진다. 인간관계가 명확해지고 옆에 있는 사람과 없는 사람의 구분이 확연해진다. 가장 근거리에 있는 사람들이 바로 가족이다. 그다음은 친구이다. 은퇴 후에는 직장을 그만두고 사회적 활동 범위가 줄어듦에 따라 가족과 친구 등 친밀한 사회적 관계가 매우 중요해지기 때문이다.

미래에셋 퇴직연금 연구소에서 발표한 은퇴 후의 삶을 읽어보면 은퇴 후 사회적 관계망을 콘보이 모델(Convoy Model)로 설명한다. 사람들은 자신을 따르고 자신에게 도움을 주는 무리와 함께 인생을 살아간다. 콘보이(Convoy)는 가족이나 친구와 같이 개인 주변에서 인생을 성공적으로 살아가도록 도움을 주는 사람들로 이루어진 층을 의미한다.

사회적 관계망은 크게 3가지로 구성되어 있다. 배우자, 자녀, 친척 등 개인에게 매우 친밀하면서 가장 중요한 지지자들로 구성되는 1차 비공식적 관계망과 친구, 지인, 이웃 등 친밀도가 중간 정도인 사람들로 구성되는 2차 비공식적 관계망이 있다. 이 집단에 속하는 구성원들은 서로 독립적이면서도 서로의 역할을 보완해준다. 마지막은 지역 내 종교단체, 복지기관, 공공기관 및 지역모임 등과 관련된 사람들로 구성되는 공식적 관계망으로 이 집단의 관계는 변동이 가능하다.

일반적으로 개인을 지원하고 따르는 무리(convoy)의 크기는 일생 동안 크게 변화하지 않지만, 은퇴기에는 감소할 가능성이 크다. 은퇴기에는 배우자, 친구 등의 사망과 주거의 이동, 은퇴 등의 사건들로 인해 관계망의 수가 줄어들기 때문이다. 따라서 은퇴기의 관계에서 친구나 지인의 비율은 청년기, 중년기에 비해 낮아지고 가족 구성원이 차지하는 비율이 높아진다.

이때까지 뒤에 있었던 가족이 가장 크게 다가오게 되는 것이다. 사회적 관계망은 도움이 필요할 때 가장 먼저 달려가 도와주고 지지해주는 역할을 한다. 사회적 관계망이 단단하게 형성되면 정신적·육체적 건강에 도움이 될 뿐만 아니라, 장수에도 효과가 있다. 친구와 지인 관계망은 은퇴 이전의 대외관계를 유지해 줌으로써 사회적 활동을 원활하게 하는 데 도움을 준다.

특히 가족과 친척 관계망은 개인의 심리적 만족도를 높이고 질병이 생겼을 경우 건강을 회복하는 데 가장 중요한 역할을 차지한다. 이런 가족은 사회관계의 근간을 이루는 가장 핵심 집단으로 개인의 심리적 안정의 기초 역할을 한다. 직장에서 은퇴하고 사회

활동이 줄어드는 은퇴기에는 가족이 사회적 관계망의 중심이 되는 것이다.

더불어 은퇴 이후의 원활한 부부관계는 삶의 질을 향상시키는 중요한 부분이다. 은퇴기에는 대부분의 자녀가 부모 곁을 떠나 부부만 남게 되므로 부부간의 친밀도와 재결속이 무엇보다 중요하다. 은퇴기에는 하루 24시간의 대부분을 같이 있게 되면서 부부간에 접촉이 증가하기 때문이다.

하지만 부부간의 관계가 더 친밀해질 수도 있지만 오히려 갈등이 야기될 수도 있다. 특히 은퇴기에 접어든 남성과 여성은 그동안 억눌러왔던 반대성향을 표출하게 되는데, 남편의 경우는 여성화, 부인은 남성화가 두드러진다고 한다. 직장생활만 알던 남자들은 은퇴 이후 집에 있는 시간이 길어지는 반면, 가정 중심이었던 여자들은 나이가 들면서 친구관계를 중요하게 여기고 외출이나 나들이가 많아진다.

'지금까지 가족을 위해 헌신했는데 내 인생은 무엇인가?' 하는 허탈감에 빠진 남자들은 부인의 잦은 외출에 불만이 늘어나고, 부부사이에 심각한 갈등관계가 형성되는 경우도 있다. 급기야 부부관계가 파경에 이르기도 한다. 은퇴 후 가장 중요한 사회관계망이 파괴되는 것은 엄청난 비극이다.

그렇기에 우리는 가족과의 시간, 단순히 시간적 의미가 아닌 행동적 의미로의 시간을 같이 보내야만 한다. 무엇보다 부부간 의사소통은 서로의 감정적인 부분을 이해하고 적절히 반응하면서 상호 신뢰감을 증진시킬 수 있는 중요한 역할을 담당한다. 하지만 은퇴기 부부의 의사소통은 신혼기나 중년기와는 달리 더 신중을 기해야 하며 행동으로 옮겨지기까지 시간이 더 오래 걸리기 마련이다.

왜냐하면 상대방을 잘 알고 있다고 생각하거나 오랫동안 누적된 감정 때문에 상황을 사실 그대로 받아들이지 않고 자기가 갖고 있는 잣대로 판단하는 경향이 있기 때문이다. 은퇴기는 함께 있어 줘서 고맙고, 잘 못해줘서 미안하고, 힘든데 사느라고 애써왔다는 위로의 말이 가장 절실한 시기이다. 살아오면서 마음대로 일이 잘되지 않고, 노력한 만큼 결실을 얻기가 어렵다는 것을 이미 경험했기 때문에 은퇴기 부부는 상대방을 격려해 주는 것이 필요하다.

다시 말해 부부간의 좋은 관계는 슬기로운 대화와 상대방에 대한 공감도가 높게 형성될 때 촉진된다고 볼 수 있다. 더욱이 나이가 들어갈수록 사회적 유대망은 좁아지기 때문에 은퇴 후 부부관계가 모든 대인관계에서 가장 중요하다. 일반적으로 부부가 함께 생활하는 노인들이 홀로 사는 사람들보다 장수하는 경향이 있다. 그 이유는 사회적 유대관계나 경제적 상황도 영향을 미치겠지만, 부부가 같이 의지하면서 사는 것이 수명을 연장시키는 원인이 되기 때문이다.

은퇴기를 슬기롭게 보내기 위해서는 부부가 친구처럼 살아야 한다. 서로 취미나 관심사가 비슷하고 상대방을 믿고 존경할 수 있으며 정서적으로 편안함을 느낄 때 은퇴기의 결혼 만족도는 높아진다. 은퇴기의 행복한 부부관계를 위해서는 동반자적 관계, 정서적 편안함, 상대방에 대한 존중이 핵심이라는 이야기다. 서로에 대한 신뢰 아래 상대방을 배려한다면 행복한 은퇴생활을 영위할 수 있다.

쉬운 것 같지만 생각보다 쉽지는 않다. 살아온 동안 수없이 결론 내려진 나라는 사람을 이제 와서 다시 보라고 부탁한다 해서 될 일이 아니기 때문이다. 그러므로 대화와 같은 취미, 같은 행동을 통해 새롭게 부부가 익숙해져야 한다. 아내가 아니라 평생의 친구로서, 남편이 아니라 서로 기대야 할 파트너로서 온당히 그 자리를 내주어야 한다. 그래야만 행복한 삶을 영위할 수 있는 것이다.

나 역시 이런 이야기를 듣고 노력 중이다. 쉽게 바뀌지는 않겠지만, 노력해보지 않는 것보단 변화할 기회가 많은 것은 사실이다. 당신은 지금 어떤가? 행복한 부부생활을 누리고 있나?

5

노는 걸 넘어
나누는,
쾌족해라

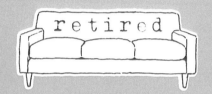

"윤논식 당신은 잘 놀아?"-나를 위한 변(辯)

'노는 법을 익혀야 한다'고 외치니 사람들은 종종 묻는다. '그럼 당신은 잘 놀아?' 어려운 질문이다. 노는 걸 숫자화할 수 있다면 딱 잘라 말하고 싶지만 '잘 논다', '못 논다'의 기준은 어디까지 개인 차다. 이 질문에 웃으며 넘어가는 경우가 있지만, 농담조로 질문하면 기분이 나쁜 것도 사실이다. 진지함을 중요시하는 사회에서 노는 사람을 가볍게 보는 경향이 있다. 어찌하겠는가. 놀 줄 아는 사람이 은퇴 후 2막을 제대로 열 수 있음을 보여주는 것일 뿐이다.

인생 2막을 살고 있는 나에게 가끔씩 누군가가 꿈이 있느냐고 물어본다. 나는 너무 당연하다는 표정으로 "예!"라고 답한다. 좀 특이한 현상이지만 우리나라와 일본 등 아시아 지역 남자들은 은퇴를 한다는 것은 모든 경제적 활동에서 멀어지는 것으로 생각하고 있다. 조직에 속해 있을 때만 온전한 삶이고 거기서 꾸는 꿈이 현실적인 것이라고 규정짓는다.

어처구니없는 생각이다. 인간은 살아 있는 한 미래에 대한 꿈이 있다. 그것은 나이와 아무 상관이 없다. 나는 살아 있다. 당연히 꿈이 있는 것이다. 나의 꿈은 1,000명 이상의 많은 사람들이 모여 있는 곳에서 강의를 하는 것이다. 한국이어도 좋고 다른 나라여도 좋다. 큰 강당을 가득 메운 사람들 앞에서 나의 지식을 내어놓고 그들과 호흡하는 게 꿈이다.

그리고 이 꿈은 그리 멀지 않다. 그동안 차근차근 쌓아온 삶의 궤적들이 이제야 하나씩 빛나고 있기 때문이다. 은퇴 후의 삶을 너무 부담스러워 하거나 은퇴 후의 경제활동을 너무 버거워하지 말아야 한다. 노는 것이라고 생각하라. 덧붙여 노는 방법을 조금만 바꾸자는 것이다.

나는 직장생활 당시 영업 파트를 담당했다. 영업이란 성실함이 매우 중요하다. 하지만 그만큼 순발력도 필요한 분야다. 순발력은 여러 부분에서 계발할 수 있지만, 개인적으로는 놀이에서 상당이 그 기술을 얻을 수 있다. 자랑은 아니지만 나는 잡기에 다소 능한 편이다. 대부분 직장에서 영업력이 뛰어난 직원들을 보면 잘 노는 타입들이다. 잘 논다는 것은 누구의 눈치도 안 보고 그 순간에 집중하는 것이다. 그 집중을 통해 즐거움을 누린다. 지금 내가 하고 있는 행동에 즐거움을 느낀다면 그것 자체가 놀이가 되는 것이다.

내 강의를 듣고 나면 몇몇 사람들은 "소장님은 놀 때도 잘 노시죠? 강의할 때 보니 펄펄 날던데…"라고 물어오곤 한다. 그러면 나는 "지금 이 강의가 제겐 노는 거죠."라고 환하게 웃으며 답한다. 노는 것은 내일이 있어야 재미있다. 내일이 없는 놀이는 놀이가 아니다. 그것은 그저 몸짓일 뿐이다. 희망이 없는 행위가 인간에게 도움이 된다고 보기는 힘들기 때문이다.

나는 가끔씩 나에게 묻는다.

'윤춘식, 너는 정말 잘 노니?'

이 말 속에는 '윤춘식, 너는 희망을 가지고 생활하니?'라는 뜻이 숨겨져 있다. 나는 은퇴 10년 전부터 늘 은퇴를 기다려왔다. 물론 막상 당일에는 암담함과 서글픔을 느꼈지만, 바로 다음 날 나는 강의를 나갔다. 덧붙여 그것은 사실 오랫동안 내가 기다려온 순간이었다.

은퇴를 하고 난 다음 사람들은 "오늘은 뭘 하지?"라고 암담해한다. 할 것은 많다. 그동안 못 해본 것들을 떠올려보면 생각보다 진짜로 할 것은 많다. 그중에서 추리고 추려 나에게 즐거움을 주는 것을 골라라. 그중에서도 그 즐거움을 내일도 모레도 이어갈 수 있는 것을 다시 골라야 한다. 결정됐다면 그것을 제대로 놀기 위해 공부해야 한다. 고스톱도 사실은 룰을 알아야 즐길 수 있는 것 아니겠는가.

김열규 저자의 『노년의 즐거움-은퇴 후 30년 그 가슴 뛰는 삶의 시작』을 보면 이렇다. 책 서두에 노년은 '삼광의 나이'라고 규정한다. 하나는 노숙, 즉 삶이 완벽하게 성숙한 것을 의미하고, 또 하나는 노련, 즉 솜씨나 재주가 최고의 경지에 다다라 있는 것을 의미하고, 마지막으로 노장, 즉 노숙과 노련을 겸한 상태를 말한다. 젊은이들은 가질 수 없는, 나이가 든 사람만이 얻을 수 있는 보배와도 같은 것이라는 이야기다.

하지만 이 말을 듣고 '아, 그래!' 하는 사람은 얼마나 될까. 아무리 나이 듦을 사람들이 찬양해도 우리들은 어쩔 수 없이 '나이가 들었다'는 것은 곧 세상에서 은퇴하는 것과 마찬가지라고 단정 짓기 때문이다. 더욱이 요즘처럼 나이 40이면 직장을 그만둬야 하는 상황에서는 이 나이가 인생 끝이라고 생각하지 않겠는가. 그 뒤의 나이는 어쩔 수 없이 죽지 못해 사는 나이라고 치부해버리는 것이다. 그러다 보니 아무리 나이 든 것을 찬양하는 말을 해봐야 당사자 스스로가 그것을 인정하지 못하는 상황에서는 헛일이 되고 만다.

100세 시대. 싫으나, 좋으나 예전 사람들보다 거의 40년 이상을 더 살아야 하고 그동안 무엇인가를 해야 한다. 그렇다면 남은 40년을 어떻게 살아야 하나? 가끔 나이 든 사람들과 이야기를 나눠 보면 그들은 이제 뭔가를 하는 것도 귀찮고, 할 힘도 없고, 할 일도 없다는 표정을 짓는 경우가 종종 있다.

책을 보라고 하면 눈이 아프고, 밥을 먹으라고 하면 잇몸이 안 좋고, 운동을 하라고 하면 힘이 없고, 놀러 가자고 하면 돈이 없다고 말한다. 마치 나이가 들면 당연히 이렇게 해야 하는 것 아닌가 생각하고 스스로를 무기력하게 만들고 있다.

이 책에서는 행복한 노년을 위해 다섯 가지 금지 사항으로 '잔소리와 군소리를 삼가라', '노하지 마라', '기죽는 소리는 하지 마라', '노탐을 부리지 마라', '어제를 돌아보지 마라'라고 규정한다. 특히 어제를 돌아보지 마라는 말은 노년의 삶은 지금 이 순간부터 미래의 삶이 중요하지 과거의 되새김질은 인생 2막을 살아가는 데 도움이 되지 않는다는 중요한 의미를 내포하고 있다.

나아가 작가는 노년이 되면 다섯 가지를 적극 실현하라고 말한다. '큰 강물이 흐르듯 차분한 상태에서 유유자적한 모습을 유지하라고 하고, 주변 사람들에게 젊었을 때처럼 꼬장꼬장하게 굴지 말고 관대하라 말한다. 또 무엇보다 소식이 건강에 무척 중요하기에 먹는 것에 욕심내지 말며, 생각난다고 바로 움직이기보다 머리와 가슴으로 세상의 원리를 이해하면서 움직이라고 조언한다. 운동은 당연한 것이다.

노년은 인생의 30% 이상을 남긴 또 하나의 길이고, 이 속에서 과거에는 느껴보지 못한 노숙한 삶의 기쁨을 맛볼 수 있는 소중한 시간이다. 사실, 우리는 살아오면서 얼마나 즐거웠고 또 얼마나 기뻤을까. 또 얼마나 놀았나? 인생 2막은 기쁨과 즐거움의 깊이를 더욱 깊게 할 수 있는 순간이다.

이제 앞서 내가 나에게 했던 질문에 답을 말할 차례이다. '윤춘식, 너는 잘 놀아?'에 나의 답은 '응, 지금의 나는 예전보다 잘 놀아!'이다. 당신은 어떤가.

나눌 게 없다는 당신에게

최근 기업의 사회적 역할을 강조하며 자원봉사를 많이 하고 있다. 진급 마일리제 방식으로 봉사하고 있는데 어느 날 후배가 푸념을 했다. 한 달에 8시간 채우기가 힘들다는 푸념이다. 그도 그럴 것이 주말에 짬을 내서 해야 하기 때문에 가정 챙기랴, 봉사시간 챙기랴 피곤했던 모양이다. 나는 "직장에 다니는 이상 어쩔 수 없이 봉사를 해야 하니 관점을 바꾸라"고 조언했다. 회사와 자매 맺은 요양원에서 청소봉사 말고 청소년단체 멘토봉사나 정부행사장 도우미봉사 등 봉사 종류도 많으니 도전하면 좋을 것 같아서다. 후배는 그나마 다행이다. 회사에서 봉사를 권장하고 있기 때문이다.

과거와 달라졌다. 하지만 대부분은 학창시절 의무적으로 했던 봉사활동을 제외하고 봉사활동의 기억이 없다. 사회생활을 시작하며 봉사활동과는 점점 멀어진다. 시작하려 해도 정보가 부족하니 시작도 못 한다. 차츰 체념하며 나는 나눌 게 없다고 말한다. 나이를 떠나 나눌 게 없다는 건 불행한 일이다. 하지만 자세히 보면 우리는 나눌 것 천지라는 것을 알 수 있다.

나눔은 내가 가지고 있어 남에게 주는 것이 아니다. 물론 내가 당장 죽게 생겼는데 남에게 뭘 줄 수는 없다. 하지만 그런 최악의 상황이 아니라면 우리는 충분히 남들과 나눌 수 있다. 은퇴자들에게 나눔이라는 이야기를 하는 것은 다소 어색하다고 할 수도 있을 것이다. 그런데 아니다.

은퇴자들이야말로 타인에게 나눔이 필요한 사람이다. 그동안 우리는 살기 바빠서, 또는 생존 때문에 남을 도와주고자 하는 마음을 애써 감추며 살았다. 하지만 이제 은퇴를 했거나 앞두고 있는 이 시점에서는 그런 이야기는 잠시 접어두자. 대부분은 다 알고 있다. 나눈다는 것이 어마어마한 것이 아니라는 것을.

내 인생의 변화도 봉사를 하면서 시작됐다. 특히 나이가 들수록 봉사는 중요하다. 그것은 생각보다 큰 기쁨을 전달해 주기 때문이다. 봉사, 그중에서도 자원봉사를 통해 얻는 기쁨은 무엇보다도 귀한 경험이다. 흔히 받는 즐거움보다 주는 즐거움이 더 크다고들 한다. 자원봉사를 하며 자신이 누군가에게 도움이 된다는 생각을 하게 되면 정신적으로나 심리적으로 긍정적인 효과를 얻을 수 있다.

이는 막막했던 은퇴자들의 삶을 짧은 시간 안에 더욱 윤택하게 할 수 있다. 당연하게도 자원봉사를 시작하기 전부터 걱정하는 분들이 많을 것이다. 더욱이 젊은 사람도 아닌 노년기에 자원봉사가 과연 도움이 될 것인가 하는 의문이 들 수도 있다. 하지만 자원봉사는 마음의 평화라든지 정서적인 안정 이외에도 정보나 자료수집 분석 능력 같은 도구 사용법을 습득하여 대화의 기술을 향상시키는 효과를 내기 때문에 신체 기능 향상에 실질적인 도움이 된다.

또 그리 어려운 일도 아니다. 몇 가지만 고려하면 할 수 있는 일들이 생각보다 많이 있다는 것을 알게 된다. 자원봉사는 출신 직업군이나 취향을 살리는 방법이 가장 기본적인 선택 방법이다. 예를 들어 교직 경험을 살린 교육 봉사활동을 할 수도 있겠고, 취미를 살려 서예교실 강의활동을 할 수도 있다. 뚜렷한 기술이나 지식이 없다면 무료급식소의 배식봉사라든지 요양원의 청소봉사나 목욕 봉사 등 전직과 상관없이 할 수 있는 자원봉사는 얼마든지 있다. 최근에는 독거노인을 방문해 말벗이 되어 주는 일이 늘어나고 있다.

내가 아는 어떤 분은 지체장애인을 대상으로 하는 교육봉사 등 여러 활동을 하고 있다. 처음에는 작게 시작했던 이 자원봉사가 지금은 4군데 이상 참여하는 자신의 주된 일상이 됐다. 그 사람이 그렇게 된 데에는 사회참여를 통해 보람과 자신감, 성취감을 얻게 되고 무엇보다 자아실현을 통해 자긍심을 느꼈기 때문이라고 한다.

2006년 국민일보에 나온 기사이다. 당시 나는 은퇴 이후의 삶에 대한 고민을 시작할 무렵이었다. 그때 이 기사가 어느 정도 영향을 끼쳤다.

김성남 씨는 요즘 분당 야탑역과 서울 시초구청을 오가며 우산을 고치고 나눠주는 일을 하고 있다. 27년 풍상 우산 고치기에만 매달려 온 김 씨를 말리던 아내 맹효순 씨도 비가 오나 눈이 오나 우산을 고치러 집을 나서는 남편의 고집스러움에 두 손을 들었다. 이제는 맹 씨도 남편을 이해하고 존경한다. 남편의 정성에 감복한 것이다. 맹 씨는 요즘 김 씨 옆에 쪼그러 앉아 찢어진 우산 천 깁는 일을 돕고 있다.

"우산을 고치고 있으면 행복해요. 우산을 사용한 사람들로부터 '고맙다'고 인사를 받으면 하늘을 나는 것 같고요. 이게 제 건강의 비결입니다."

서초구청 직원들이 천사 같은 김 씨의 일화를 전해 듣고 활동폭을 넓혀주었다. 서초구청 정문 수위실 한 켠에 '무료우산수선센터'를 마련해준 것. 김 씨는 매일 이곳에 출근해 헌 우산을 수선한다. 김 씨와 함께 일할 수 있는 자원봉사 보조원이 2명이나 생겼고, 이들이 수선한 우산을 관내 18개 동에 나눠주고 있다. 동사무소에서는 접수대장과 대여대장을 마련해놓고 민원인들이 무료로 우산을 사용하도록 배려하고 있다. 2003년부터 지금까지 시민들에게 나눠준 우산만 2만 개가 넘는다.

얼마 전부터 김 씨에게는 교통비조로 하루 1만 원 정도가 지급된다. 그러나 김 씨는 이 돈을 쓰지 않고 모아뒀다. 최근 100만 원을 만들어 다시 서초구청에 가져왔다. 자신보다 더 어려운 사람을 위해 써달라는 당부와 함께. 우산 고치는 일은 사회에 봉사하고 싶어 택한 일이니만큼 대가 없이 계속하고 싶다는 게 그의 바람이었다. 좀 더 많은 사람들을 위해, 좀 더 많은 우산을 고쳐, 좀 더 많이 나눠주고 싶다는 마음과 함께.

그는 아주 규칙적인 생활을 한다. 아침 9시면 어김없이 구청에 나오고 오후 3시면 일을 마친다. 그리고는 부인과 함께 탄천 주변을 힘차게 뛰거나 산책한다. 그래서인지 그는 무척 건강하다. 20대 젊은이 못지않게 힘이 넘친다. 그의 환한 웃음에는 삶에 대한 사랑과 긍정적인 인생관이 가득 담겨 있는 듯했다.

"남을 돕는 일은 정신건강에 참 좋은 것이죠. 하지만 봉사도 일종의 끼가 있어야 하는 것 같습니다. 창피함을 생각하지 않고 미친 듯이 오기로 밀고 나가는 것입니다. 허허…"

김성남 씨, 그의 노년은 서쪽 하늘을 화려하게 물들이는 저녁노을보다도 아름답다. 그리고 그 누구보다도 넉넉하고 밝다.

10여 년 전의 기사이니 김성남 씨가 지금도 이 일을 하고 있는지는 알 수 없다. 하지만 이 기사는 나에게 한동안 오랜 울림을 주었다. 헌 우산을 고쳐 다시 남에게 주는 행위, 이 작은 행위 안에는 어마어마한 의미가 숨어있다. 다른 모든 봉사도 마찬가지다. 하기 전에는 망설여지지만, 하기 시작하면 정작 행복하고 구원받는 것은 스스로 삶이다.

다음은 처음 봉사활동을 시작하는 사람이 참고할 사항이다.

첫 번째, 지역 가까운 곳을 찾아라. 방범순찰대, 의용소방대, 방위협의회 등 지역마다 봉사단체가 있다. 멀리 찾지 말고 지역 가까운 곳을 접근해라. 동사무소 등 유관기관에 전화를 걸면 자세히 안내해줄 것이다. 친구 따라가는 봉사보다 나에게 맞는 봉사를 찾는 방법이다.

두 번째, 직업이나 취미를 연계시킨다. 다음 카페에 '보냉가설'이란 유명한 카페가 있다. 기계설비관련 카페로 한 달에 한 번 독거노인의 집수리 봉사활동 사진을 볼 수 있다. 전문가들이 모인 집단이라 봉사도 전문적으로 한다는 느낌을 받는다. 직장생활 10년 이상 했다면 내 전문분야가 있을 것이다. 그 부분과 봉사를 연결해보는 건 어떨까. 자기 실력을 외부에서 평가받을 수 있는 좋은 기회라 생각된다.

세 번째, 스트레스가 된다면 기꺼이 벗어나라. 봉사활동을 하는데 사람 때문에 스트레스를 받는 경우가 종종 있다. 꼴 보기 싫은 사람이 봉사에 오거나, 봉사하는 사람 사이에 평등한 관계가 아닌 군림하려고 하는 경우다. 또한 시간 스트레스가 심한 경우가 있다. 그럼 봉사활동을 벗어나라고 이야기하고 싶다. 나눔의 즐거움과 자아실현을 하는 봉사인데 스트레스를 받는다면 안 하는 게 좋다. 봉사처가 자주 바뀌는 것도 문제지만 스트레스를 받으면서 할 필요가 전혀 없다는 걸 기억해라.

나눌 것이 없다고 생각하는가? 정말 그런가? 이렇게 멋진 즐거움을 누리기 위해 당신이 가진 작은 기술이나 시간을 투자하는 것, 그것이 바로 나눔이다. 그리고 장담하건대 그 나눔이 은퇴 후 당신의 삶을 엄청나게 바꿔놓게 될 것이다. 못 믿겠다면, 지금 한번 시작해 보길 바란다.

고독할 때가 가장 성장하기 좋을 때

조선 지식사에 큰 인물 하면 다산 정약용을 빼놓을 수 없다. 그의 수많은 이야기 중 18년간 시간을 보낸 강진 유배를 빼놓을 수 없다. 정조에게 총애를 받다 하루아침에 강진으로 유배된 그는 주막 아낙의 도움으로 숙식을 해결한다. 인간적으로 안타까운 모습이다. 엘리트 관료가 하루아침에 가족과 생이별하고 죄인으로 몰려 연고도 없는 강진으로 갔으니 말이다. 정신력이 약한 사람이라면 술이나 먹고 세상을 저주하다 바다로 뛰어내릴 생각을 했을 것이다.

하지만 다산은 달랐다. 주막 뒷방에서 무전취식하는 처지지만 방 입구에 '사의재(四宜齋)'라는 현판을 내건다. '마땅히 해야 하는 네 가지 방'이란 뜻으로 '맑은 생각, 엄숙한 용모, 과묵한 말씨, 신중한 행동'을 하겠다고 다짐한 것이다. 더불어 주막의 품격도 함께 올라갔다. 시간이 흘러 고성사란 절로 거처를 옮긴 다산은 방 입구에 '보은산방(寶恩山房)'이란 현판을 건다. '은혜를 잊지 않겠다'란 뜻으로 조선 선비의 절개를 느낄 수 있다. 다산은 홀로 있는 시간에 자신을 더 단속했고, 엄숙하게 지냈다.

강진 유배 18년간 다산은 500여 권의 책을 집필하며 한자가 생긴 이래 가장 많은 저서를 집필한 사람으로 이름을 올린다. 복숭아뼈가 3번 구멍 날 정도로 처절하게 집필을 했다. 다산이 강진에 유배되지 않고 한양에 있었다면 다른 역사가 펼쳐지겠지만 고독했던 강진 유배는 정약용을 학자로 성장시키는 소중한 시간이었다. 비록 고독했더라도 자기 성장을 한 소중한 시간이었다.

많은 사람은 고독을 두려워한다. 하지만 두려워하는 게 고독인지, 외로움인지 정확히 해야 한다. 다산은 강진 유배에서 고독을 성장의 발판으로 삼았다. 치열하게 독서했고, 지식을 정리했으며, 끊임없이 집필했다. 모든 건 고독이 있기에 가능했다. 은퇴를 앞두고 준비하는 과정도 마찬가지다. 사실 고독하다. 희망만 안고 갈 뿐이다. 희망이 있기에 갈 수 있다. 하지만 고독도 함께 온다는 사실을 기억해야 한다. 고독을 외로움을 볼 것인가, 성장으로 볼 것인가는 개인의 차이다.

미국의 사상가이자 문학가인 헨리 데이비드 소로는 고독과 사교에 대해 이렇게 말했다.

나는 대부분의 시간을 혼자 지내는 것이 심신에 좋다고 생각한다. 아무리 좋은 사람들이라도 같이 있으면 곧 싫증이 나고 주의가 산만해진다. 나는 고독만큼 친해지기 쉬운 벗을 아직 찾아내지 못하고 있다. 우리는 대개 방 안에 홀로 있을 때보다 밖에 나가 사람들 사이를 돌아다닐 때 더 고독하다. 사색하는 사람이나 일하는 사람은 어디에 있든지 항상 혼자이다. 고독은 한 사람과 그의 동료들 사이에 놓은 거리로 잴 수 있는 것이 아니다. 하버드대학의 혼잡한 교실에서도 정말 공부에 몰두해 있는 학생은 사막의 수도승만큼이나 홀로인 것이다.

고독은 인간으로 태어나면 당연히 따라붙는 그림자이다. 그것은 어려서부터 성장해서 그리고 세상을 떠날 때까지 알게 모르게 우리 옆에 자리하고 있다. 그럼에도 불구하고 우리는 그 고독을 피해 다양한 일들을 빌인다. 의노석으로 사람들을 사귀고, 무리에 끼려 하고, 그 무리에서도 파벌을 이룬다.

그렇게 정신없이 20~30년을 살아오다 갑자기 무리에서 밀려나는 은퇴를 겪으면 그동안 숨겨왔던 고독감이 일시에 덮쳐오곤 한다. 가족과의 시간이나 부부간의 대화로 이를 풀어보려고 하지만, 수십 년간 잠재되어 있던 고독은 쉽사리 이겨내기 힘들다. 반려자가 있는 사람도 이럴진대 반려자가 없는 사람은 더할 것이다.

지인 중 한 명이 친구와 등산을 하고 내려와 작은 마을을 지날 때였다고 한다. 어느 허름한 집 앞에서 노인이 의자에 앉아 멍하니 풍경을 보고 있었다고 한다. 자세로 보아 아마 하루 종일 그렇게 앉아 있는 것 같았다. 지인이 앞을 지나가도 별 반응이 없었다. 친구가 지인에게 말했다. "늙어서 저렇게 될까 봐 두려워." 그런데 지인은 다른 생각을 했다고 한다. '저 노인에게는 노인 나름대로의 즐거움이 없을까? 쇠약하고, 일을 못하고, 외롭다는 게 저주일까? 흘러가는 구름을 보고, 꽃에 찾아드는 나비를 보면서 하루를 보내는 게 꼭 쓸쓸하기만 한 걸까? 저 노인은 혼자만의 여유와 고독을 즐기는 건지도 모르지 않나?'

우리는 일과 능력을 중시하는 사회에서 살고 있다. 바쁘고, 젊고, 새로운 것을 찬양한다. 또 그런 관점에서 인간이나 사물을 바라보고 판단한다. 게으르고 낡은 것과 외로움, 고독을 동일시한다. 사실 현대인은 혼자 있을 수 있는 능력을 상실해가고 있는지도 모른다. 조직이나 관계망 속에 있지 않으면 불안해하는 것이다.

하지만 은퇴자에게 고독을 다루는 능력은 중요하다. 고독의 욕구를 무시하지 말고 받아들이는 것 말이다. 고독은 외로움과는 뉘

앙스가 다르다. 외로움이 소외에 따른 고통이라면 고독은 혼자 있는 즐거움에 가깝다. 다시 말해 고독은 결핍이 아니라 충만함이다. 고독은 자신의 내면과 마주하는 것이기 때문이다. 하지만 내면이 가난하다면 고독은 곧 외로움과 비슷한 감정으로 떨어지게된다. 고독은 나이와 상관없이 사람을 성장시켜준다.

내가 웃음치료를 공부할 무렵이다. 평일에는 직장생활을 하고 휴일에는 서울로 올라가 수업을 받았다. 잠자는 시간도 아까워 계속 공부하면서 서울 오가는 시간에 짬짬이 잠을 잤다. 당시 아내의 반대는 심했다. 지금 생각하면 그 입장이 이해가 되지만 당시에는 참 외롭고 서글펐다. '세상에서 제일 먼저 내 편이 되어줘야 할 사람인데…'

경제적인 지원마저 끊어진 상태에서 빚을 내가며 공부할 때는 아내에 대한 오기도 생겼다. 보란 듯이 뭔가를 보여주고 싶었기 때문이다. 그러나 그런 오기도 얼마 안 가 겹겹이 쌓인 일정에 사라지기 마련이다. 몸도 마음도 힘들었던 시기였다. 그때 나를 버티게 해준 것은 아마 고독이었던 것 같다. 외로움과는 다른 내 안의 내면을 들여다보는 시간이 생긴 것이다. 당시 나는 나에게 늘 물었다. '이제 맞는가?', '이렇게까지 해야 하는가?'

그렇게 진지하게 내 속의 나를 깨우며 잦은 대화를 하다 보니, 오히려 무언가가 변하는 것을 느끼게 됐다. 혼자 있는 것을 두려워하지 않게 된 것이다. 또한 무리하게 같이 있으려 했던 행동들을 자제하게 됐다. 그런 시간들을 아껴 내가 원하는 일에 더욱 투자할 수 있게 되었던 것이다. 그 결과 지금의 내가 강단에 서 있게 되었다고 볼 수 있다. 고독은 사실 나를 성장시키는 가장 큰 힘이다.

은퇴를 하기 직전이거나 하고 난 뒤 당신은 고독과 외로움 두 가지를 동시에 만나게 될 것이다. 같아 보이지만 다른 것이다. 누군가가 옆에 없어서 오는 외로움은 가족들과 대화를 통해 풀 수 있다. 하지만 마음 밑바닥에 자리한 갈증은 쉽게 풀어지지 않는다. 그 갈증이 바로 당신을 성장시키는 원동력이 된다. 자신에게 끊임없이 물어보면 알 수 있다.

'내 삶은 여기서 멈추는 게 맞는가?'
'나를 이해하는 것은 나 말고 또 누가 있는가?'
'나의 능력은 더 이상 발전이 없는가?'
'이 세상에서 나 홀로 할 수 있는 것은 무엇인가?'

이 질문의 답이 날마다 바뀌더라도 끈질기게 고독을 두들겨봐야 한다. 그러다 보면 어느 순간부터 혼자 있는 것을 두려워하지 않는 당신을 발견하게 될 것이다.

Work가 아니라 Life를 생각할 때

몇 년 전부터 에너지 음료가 인기다. 힘과 속도를 상징하는 황소가 그려진 음료의 경우 고카페인에도 불구하고 대형마트, 편의점, 자판기 등 어디에서나 볼 수 있다. 갈수록 고카페인을 찾는 이유에 대해 '피로사회'를 지적한다. 늘어나는 일과 스트레스를 극복하기 위해 고카페인을 찾는다는 것이다. OECD 국가 중 근로시간 1~2위를 다투는 우리나라로선 이해가 간다. 하지만 건강을 생각하면 안타까운 것도 사실이다.

광고계의 인문학적 아이디어로 유명한 박웅현 대표. 우리에겐 《책은 도끼다》 시리즈로 유명한 사람이다. 그는 일과 삶에 대해 언론과의 인터뷰에서 일침을 가하는 한마디를 했다.

"죽을 때 부장이 옆에 있어 줄 것 같아요? 죽을 때 옆에 있어 줄 사람을 소중히 생각하세요."

처음 이 글을 보고 충격을 받았다. 가족을 소중히 하라는 말은 '일이 아니라 삶에 집중하라'는 뜻이기 때문이다. 그의 조언대로 죽는 날 내 옆에 누가 있을까를 생각했다. 정답은 가족뿐이다. 나 역시 직장은 소중했지만 직장 이전에 삶이 먼저라고 생각했다. 그래서 일을 마무리하고 나면 삶에 집중할 수 있었다. 삶, 즉 라이프에 집중한다는 것은 자기관리를 하겠다는 뜻이다.

시간 관리는 자기관리이다. 이 말은 몇십 년간 사회에서 일을 해 온 사람이라면 공감하는 대목일 것이다. 나는 대부분 강의를 오후에 잡는다. 급하게 오전에 잡아서 할 만큼 급하지 않으려고 노력하는 것이다. 그 대신 오전은 나를 위해 쓴다. 책을 읽으면서 공부하고 필요한 영상들을 점검하고, 때로는 지인들과 만나 환담을 하며 긴장을 풀기도 한다. 중요한 것은 공부를 손에서 놓지 않는다는 사실이다.

나는 은퇴 후 공부가 더욱 즐거워진 타입 중 하나이다. 내가 좋아서 하다 보니 스트레스를 안 받게 되고 또 이게 나에 대한 투자라는 생각이 들면서 그 시간이 매우 소중해진다. 얼마나 여유로운가. 오전에는 나를 위한 시간, 오후에는 은퇴 후 제2의 삶인 강의를 하고, 저녁에도 가족들과 대화를 나눈다. 여행이 필요하다면 강의를 줄여서 구애받지 않고 평일에 떠나기도 한다.

나는 강의를 하면서 내가 하지 못하는 부분은 다른 강사에게 소개한다. 또는 이 일을 처음 시작한 강사들에게 조언도 하며, 종종 그들에게 나에게 온 강의를 대신하도록 부탁하기도 한다. 그것은 이 일에 절박함이나 어떤 야망을 집어넣기보다 이게 삶이라고 생각하기 때문이다. 즉, 나에게 웃음치료는 일이 아니라 나의 인생인 것이다.

1943년생인 일본의 소설가 마루야마 겐지는 30대에 들어서면서, 다니던 무역회사를 그만두고 도시생활을 청산하기로 했다. 아내와 함께 고향 나가노로 훌쩍 내려간 것이다. 우리로 따지자면 은퇴생활을 꽤 빨리 시작한 셈이다. 고향 나가노로 내려간 마루야마 겐지는 매일 아침 일어나자마자 면도기로 민머리를 미는 것부터 했다. 그리고 수도승이 참선 수행을 하듯 글을 써나간다.

마루야미 겐지의 퇴직 후 준비는 35세부터 시작되었고, 70세가 넘을 때까지 진행됐다. 그는 문학인, 작가가 된다는 것보다 그저 운명이 그를 작가의 삶으로 안내한 것이라고 해도 무방할 정도이다. 그런 그이지만 일본 문학계에서는 마루야만 겐지를 빼고는 문학을 말하기 힘들 만큼 큰 영향을 끼치며 확고한 선을 긋는 작가이자, 사상가이다.

그에게 글은 일이 아니라 삶이었고, 그 삶은 그를 엄청난 작가의 반열로 올려놓는다. 삶은 젊었을 적보다 더 여유로워졌는데 생활경쟁력은 그때보다 더욱 강화된 셈이다. 그는 굳이 나가노까지 찾아와 자신을 만나려는 기자나 프로듀서들을 피하지도 않고, 강의나 강연을 마다하지도 않았다. 또한 일본의 언론인들은 물론이고, 한국을 비롯한 외국 언론인들에게도 호의적이었다.

글 쓰는 것이 일이 아닌 삶이다 보니 그는 '작가는 철저히 독자 중심으로 움직여야 한다'는 프로 정신을 굳건히 지켜내고 있다. 그래서 일본 특유의 문화인 작가로 살아남기 위해 출판사와 언론사, 비평가들에게 청탁을 일삼는 비 작가적 태도를 한사코 거부한 것이다. 그가 이렇게 견고한 일본 문학계에서 당당할 수 있었던 것은 그가 하는 것을 일이라고 생각하지 않았기 때문이다.

'글을 쓰는 것은 나의 삶인데 왜 내가 문학계의 눈치를 봐야 하느냐. 독자가 문학계보다 더 중요하다.'

이는 정말 은퇴자만이 가질 수 있는 당당함이다. 생존에 대한 비용을 최소로 하고, 내 일을 즐기는 것 그리고 그 일이 내 삶이 되는 것. 이것이 바로 인생 2막에서 우리가 찾아야 할 '일'이다. 이를 위해 1인 기업, 1인 미디어 등을 적극 활용하는 것이고 고독과의 대화를 통해 자신을 성장시키는 것이다.

죽을 때까지는 우리는 살아 있다. 살아 있는 동안 무언가를 해야 한다. 사회가 조직의 깃발을 등에 메고 싸우는 처절한 전쟁터였다면, 은퇴 후의 삶은 그런 사회로 뛰어드는 게 아니라 그 풍경을 저 멀리서 바라보면서 그들을 관찰하고 그들의 역사를 가늠하며, 그 진흙탕 같은 싸움터 외의 세상을 바라보는 시기이다. 사실 은퇴자들은 경험이 많다. 다시 사회로 돌아가더라도 충분히 생존할 수 있다. 다만 그 생존이 가치가 있느냐는 것이다.

참살이 문화의 일부인 웰다잉(Well-Dying)이 재조명되고 있다. 웰다잉은 존엄한 죽음, 즉 사람답게 죽는 걸 말한다. 과거에는 죽음은 피해야 하고 거론하지 말아야 하는 부분이었다면 지금은 직시하고 진지하게 고민해야 하는 부분이다. 생존에 가치를 둔다면 일에 집중해야 한다. 그렇기에 우리 삶이 아까운 생각이 든다. 일 말고 삶에 분명 의미가 있다고 생각된다.

웹툰『신과 함께』로 유명한 주호민 작가의『무한동력』에 한 장면이 있다. 생계를 위해 금융권 대기입 취업을 목표한 주인공이 이론상 불가능한 무한동력을 개발하는 집주인과 삶에 대해 이야기를 한다.

"자네는 꿈이 뭔가?"

"금융권 대기업 직원인데요."

"아니, 그런 것 말고 꿈 말이야. 어떤 직업을 찾는 것, 그게 꿈일 순 없지 않은가?"

"전 그게 꿈인데요? 회사 들어가면 새로운 꿈이 생기겠지요."

"참 편안하게 생각하는군."

"하지만 꿈이 밥을 먹여주지는 않잖아요?"

"죽기 직전에 못 먹은 밥이 생각나겠는가? 아니면 못 이룬 꿈이 생각나겠는가?"

웹툰 속 집주인 말처럼 죽기 직전 못 먹은 밥에 대한 걱정하는 사람은 없을 것이다. 이루지 못한 수많은 꿈에 대해 아쉬워할 뿐이다. 일에만 집중하는 삶도 가치 있다. 하지만 삶을 생각한다면 균형이 필요하다. 그 균형을 은퇴 전 이루자. 그것은 다시 한 번 꿈을 고민하는 것에서 시작된다.

1인 기업의 바탕은 상상과 관찰

우리는 살아가면서 수많은 것들을 보게 된다. 사람, 물건, 예술, 이미지 등 대부분 우리가 보는 그림, 글자들은 하나의 '정보' 뭉치로 우리의 머릿속을 채운다. 실제로도 날마다 수많은 정보들이 우리에게 쏟아지고 있다. 하지만 역설적으로, 정보 습득의 창구는 많아졌지만 이러한 정보를 엮어서 지식으로 만들고, 이를 통해 실천적 지혜를 구성하는 힘은 그 어느 세대보다 떨어진다고 한다.

즉, TV, 인터넷에서 보여주는 정보 그대로를 믿고 전문가 집단

혹은 마케터들이 엮어놓은 정보의 프레임을 의심 없이 받아들이거나 그 속에 숨겨진 의도를 파악하지 못한 채 자신을 맡기는 경향을 보이는 것이다. 은퇴자들도 마찬가지다. 은퇴와 관련한 너무 많은 정보들이 있다 보니 정작 필요한 정보를 놓치거나 맹목적으로 하나의 정보에만 의지하는 경향을 보이는 사람들도 상당수다.

하지만 은퇴자일수록 경험과 더불어 창의적인 사고가 필요하다. 특히나 1인 기업을 꿈꾸는 사람이라면 창의력은 필수이다. 사물이나 현상을 보고 그 뒤에 숨겨진 어떤 선을 찾아내는 것이 창의력이다. 대부분의 창직도 이런 창의력이 뒷받침되어 있기에 가능하다. 물론 창의력만 있다고 1인 기업이 성공할 수 없다. 경험도 충분히 있어야 한다.

그런데 은퇴자, 예비은퇴자들 대부분은 특정 분야에서 충분한 경험을 쌓고 나온 사람들이다. 결국 가장 필요한 것은 창의력이라는 결론이 나온다. 이런 창의력을 갖기 위해서는 상상력이 필요하다. 상상이야말로 가장 창의적인 일이며 모든 인류의 발전은 거기서부터 시작했기 때문이다.

그렇다면 상상력은 어떻게 키울까? 바로 관찰이다. 관찰은 무언가를 '능동'적으로 발견하고 주의 깊게 분석하는 과정이다. '관찰'이 습관화된 사람은 이미 1인 기업가로서 성공할 수 있는 가장 큰 조건을 갖췄다고 해도 무방하다. 왜냐하면 관찰은 상상을 부르고 상상은 창의적인 행동을 탄생시키기 때문이다. 사실 관찰은 손해 볼 게 없는, 언제나 득 보는 투자이다. 나태주 시인은 '풀꽃'이란 시에서 이렇게 말한다.

'자세히 보아야 예쁘다. 오래 보아야 사랑스럽다. 너도 그렇다.'

그렇다. 자세히 보기 전엔 그저 흔한 풀처럼 보이던 것이, '관찰'을 거친 결과 '아름다운 대상'으로 변모하게 된다. 이처럼, 관찰은 아주 사소하고 흔해 보이는 것들을 통해 새로운 깨달음을 얻고, 삶을 개선시킨다. 특히나 '관찰 → 발견 → 깨달음 → 개선'으로 이어지는 '관찰 프로세스'를 습관화하면, 세상을 늘 새롭게 보고, 더 나아가 세상의 숨겨진 원리를 꿰뚫어보는 '통찰력'을 기를 수 있다.

우리가 알고 있는 대부분의 성공한 사람들, 수많은 발명가, 사업가, 과학자들이 '관찰'을 통해, 그들에게 명성과 부를 가져다준 새로운 기술이나 상품들을 만들 아이디어를 얻을 수 있었다. 또 관찰은 '아이디어'를 얻을 수 있는 가장 쉬운 방법임과 동시에, '공짜'라는 것도 매력적이다.

덧붙여 관찰은 새로운 아이디어를 발견해내는 '창조적 수단'이면서 동시에 다른 사람들을 이해하고 사로잡는 '인간관계의 기술'로도 활용될 수 있다. 뒤돌아보면 가끔 다른 사람들의 상황에 대해 쉽게 파악하고, 그들을 자신의 뜻대로 움직이게 하는 사람들을 만난 기억이 있을 것이다.

예를 들어 무당, 바람둥이, 사이비교주, 사기꾼들이 그렇다. 그들이 사용하는, 속칭 '콜드 리딩'이나 '독심술' 등으로 불리는, '타인의 마음을 파악하고 조종하는 기술'들은 결국 사람에 대한 꾸준한 관찰에 기반을 둔 것이다. 사람의 마음을 읽고 싶다면 자세히 바라보는 것부터 시작해야 한다는 격언을 생활화하는 사람들이다.

그 사람의 얼굴 표정은 어떤지, 목소리는 무엇을 의미하는지, 몸짓 언어(Body Language)는 어떤 사실을 말하고 있는지에 대한 부가적 지식이 조금만 덧대어진다면, 타인과의 갈등을 줄이고 상대에게 호감을 사는 것에 큰 도움을 받을 수 있을 것이다.

현대에 들어서는 스마트폰 열풍을 일으킨 애플의 스티브 잡스 이후로, 인문과 경영, 인문학과 과학기술 간의 융합이 하나의 세계적 트렌드로 자리 잡았다. 인문학, 경영, 과학기술을 하나로 묶는 키워드가 바로 '관찰'이다. 아무리 엄청난 기술, 잘 조직된 기업이 있다고 해도 사람의 마음을 읽지 못하면 망하기 십상이다.

앞으로 사람들이 어떤 것을 원할지, 그런 '경향성'을 읽어내기 위해선 지금까지 사람들이 무엇을 원했는지에 대한 자료가 필요하다. 인문학이 바로, 문명과 문자가 발생한 이후, 수천 년간 누적된 '관찰 기록'이기 때문에, 인문학 없는 기술, 경영은 내비게이션 없는 차와 같은 것이라고 할 수 있겠다.

인문학을 핏기 없는 고루한 설교가 아닌, 살아 있는 현재 이야기로 재발견할 수 있다면 사람들의 필요와 욕망을 읽는 '관찰'의 기술과 남들과 다른 시선과 시점에 대한 폭넓은 수용을 인문학을 통해 배울 수 있다. 그동안 우리가 바빠서 인문학에 투자할 시간이 없었다면, 이 글을 읽는 순간부터 바로 공부해야 한다. 인문학은 미래를 움직이는 과거의 학문이기 때문이다.

여기에 관찰이 결합하면 당신이 생각하는 이상의 엄청난 일들이 당신의 손에서 탄생하게 된다. 아는 만큼 보이는 것처럼 지식이 관찰과 결합했을 때는 그 시너지 효과가 지식의 2배, 3배까지 튀어오를 수 있다. 주변을 돌아보라. 익숙한 풍경도 자세히 보면 다르다. 그 속에는 지금까지 당신이 몰랐던 또 다른 것이 있을 수 있다.

1인 기업은 바로 이런 관찰을 통해 키워진 상상력으로 창의력을 발휘해 자신의 길을 개척하는 기업이다. 가장 자신 있는 기술에 창의력이 덧붙여진다면, 그때부터 일은 일이 아닌 놀이가 되는 것이다. 그러니 지금부터라도 주변을 주의 깊게 보며 사소한 것을 놓치지 않는 훈련을 해본다. 그것만으로도 '관찰'은 시작되고 그것에 대한 꾸준한 훈련을 하게 되면 은퇴 후의 삶이 깜짝 놀랄 만큼 바뀌게 될 것이다.

혹시 누가 아는가. 당신도 세상을 사로잡을 아이디어를 관찰을 통해 얻을 수도 있을지. 그것이 아니더라도 다른 사람들을 꾸준히 관찰한다면, 어디서 눈치 없다는 '꼰대' 소리는 듣지 않을 것이니, 결코 손해 볼 일은 없을 것이다.

놀 줄 알면 은퇴가 정말 내 인생

우리나라 음악을 흥(興)과 한(限)이라 말한다. 음악은 일상생활과 밀접한 관련이 있기에 흥과 한이 우리 조상의 일상이었다. 시간이 지나 가난과 전쟁을 극복하면서 한이 많은 시대는 지나갔다고 생각한다. 이젠 흥이 넘쳐야 하는 시대라고 믿는다. 하지만 흥이 넘치는 소식보다 우울한 소식이 더 많이 들려온다.

저출산으로 허리를 이루는 세대가 40~50대라 생각된다. 군사정권과 권위주의시대 그리고 위계질서가 팽배했던 직장생활을 하며 많이 경직된 모습을 볼 수 있다. 은퇴시기까지 겹치며 흥은 더욱 사라지고 생계에 눌려 자신감 없는 모습을 많이 본다. 같은 시대를 살아가는 사람으로서 안타깝게 생각된다.

흥이 많다는 건 놀 줄 안다는 뜻이다. 놀 줄 아는 사람은 행복한 사람이다. 현역에 있을 때는 취미로 놀고 은퇴 후에는 노는 걸로 업을 변화시키면 된다. 이상적인 모습이지만 주변에 많은 사람들이 노는 방법을 가지고 직업화시킨다. 과정은 만만치 않았지만 노는 일로 돈을 벌다 보니 보람도 있고 행복한 법이다. 이런 행복은 준비하는 사람의 것이다.

우리는 흥이 많은 사람들이다. 놀면서 배우면 더 빨리 습득하고 놀다 보면 창의적인 생각이 발산된다. 놀면서 인간관계도 돈독해진다. 그래서 노는 건 중요한 문제다. 가끔 인류가 놀지 못했다면 지금처럼 살 수 있었을까 고민한다. 놀지 않았다면 오직 상대를 죽이고 이겨야 하며 24시간 경계해야 하는 스트레스로 버터내지 못했을 것이다. 즉 사람은 태생적으로 잘 논다고 할 수 있다. 후천적인 경험과 사회적 압력에 의해 발산하지 못할 뿐이다.

어르신들이 모인 곳에 레크리에이션 강의를 나가면 할머니들은 잘 노신다. 잘 따라 하고 노래도 제법 잘 부르신다. 하지만 할아버지들은 만만치 않다. 오랜 세월 남자다운 역할을 하기 위해 재미를 죽이며 살아야 했다. 나 역시 그 마음을 알기에 재촉하거나 강요하지 않는다. 자연스럽게 물들기를 기대한다. 시간이 흐르면 할머니보다 할아버지가 더 신명 나게 논다는 걸 알 수 있다. 아마도 눌려있던 끼와 놀이 욕구가 나온 것이라 생각된다. 나 역시 할아버지가 마음이 닫혀있다 열리면 신이 나서 강의나 레크리에이션을 한다. 성격과 상관없이 우리 모두 잘 놀 수 있다는 것을 피부로 느낀다.

은퇴를 앞두고 있다면 내가 잘 노는 걸 찾아봐라. 그것이 무엇이든 상관없다. 그리고 우리가 태생적으로 가진 놀이 욕구로 발산하면 된다. 거기에 조금 더 전문적이고 조금 더 체계적인 연구를 더한다면 은퇴 후 직업이 될 수 있다. 그것이 진짜 내 인생일지 모른다. 그동안 여러 가지로 제약받아 온 은퇴 전 삶에서 내가 꿈꾸는 걸 마음껏 그리고 실천에 옮기는 진짜 나의 삶 말이다.

은퇴자들이 "어떻게 하면 잘 노는 건가요?"라고 물어올 때 나는 "잘하는 일, 좋아하는 일이 뭐냐?"고 되묻는다. 그러면 용접을 잘하거나, 등산을 좋아하거나, 운동을 한다거나 등의 대답이 돌아온다. 그다음으로 묻는 것이 '그 일을 하면서 보람을 느끼는가?' 하는 것이다. 보람은 인생을 즐겁게 만드는 아주 좋은 자양분이다. 내가 무엇을 함으로써 어떤 것이 긍정적으로 변하게 된다면, 나의 존재 가치가 그 순간 인정받는다. 보람은 바로 이 순간에 나에게 주어지는 상 같은 것이다.

좋아하는 일과 보람이 합쳐지면 더할 나위 없는 놀이가 된다. 봉사가 그렇다. 내가 웃음치료로 봉사를 다니다 보면 몇몇 노인들은 강의가 끝나고 난 뒤 나에게 다가와 손을 잡으며 울기도 한다. 최근 몇 년간 제대로 웃어본 적이 없는데 고맙다고 말이다. 나는 그저 내 인생을 즐겁게 하려고 논 것이지만, 그 놀이가 다른 누군가에게는 위로가 되고 희망이 되는 것이다.

은퇴는 제2의 삶이다. 즐기면서 내가 하고 싶은 일을 하고 보람을 느끼고, 공감하면서 살아가야 한다. 생활의 절실함을 위해 일하는 것이 아니다. 내가 세상에 필요하다는 것은 인정받기 위해 일하는 것이다. 거기엔 군림이나 성공이 없다. 보람과 공감이 있다. 수십 년간 치열하게 살아왔던 우리 인생에 비로소 향기를 줄 수 있는 시간이 바로 은퇴 후의 삶이다. 그래서 나는 1인 기업을 추천하는 것이다. 내가 내 일을 하면서 CEO이자 회계담당자이고, 또 노동자가 되는 1인 기업은 계속 성장하는 기업이다. 내가 기업이고 기업이 나이다.

이런 1인 기업가 중에는 수십억을 벌며, 탑클래스로 올라가는 사람도 있다. 그렇지만 그런 것은 부차적인 문제이다. 내 삶에 시간을 내가 조절할 수 있는 것이 1인 기업의 매력이고 목표이다. 여유 없이 살아왔던 삶에 여유를 주고 그 여유 속에서 또 다른 나를 발전시키는 것이다.

30년이다. 은퇴 후의 시간은 한 아이가 태어나 가족을 꾸릴 수 있는 성년의 나이만큼이나 길다. 그렇기에 은퇴자는 은퇴가 아니라 새로운 삶을 부여받는 출발자인 것이다. 출발함에 있어 도전의 마음이 없다면 어떻게 앞으로 나아가겠는가. 무리하지 말고, 내가 좋아하는 일을 보람있게 해야 한다. 삶에 여유를 주고, 웃으면서 지나온 경험을 바탕으로 새로운 꿈을 꾸면서 말이다.

은퇴 후 시작한 일은 일이 아니라 삶이며,
놀이라고 생각하세요.

은퇴는 강에서 놀던 물고기가
바다를 만난 것과 같습니다.

왜 비좁은 그곳을 그리워하며 이 넓은 바다에서
웅크리고만 있나요?

자, 다시금 지느러미를 꼿꼿이 세우고
유유자적 바다를 헤엄쳐 봅시다.

위험이 있을 수도 있겠지만,
우리에겐 충분한 경험과
현명한 삶의 지혜가 있습니다.

지금부터 당신의 인생을 다시 시작하세요.

윤춘식 올(All) 통합교육

교육 분야

강의 및 강사파견
맞춤형 교육프로그램 개발
학교명랑운동회, 체육대회
각종 행사 기획 및 진행

기업교육, 워크샵
기업이벤트, 지역문화축제
송년회 진행, 무대음향조명연출

강의 및 강사 파견

기업특강, 공공기관, 교육기관, 평생교육원대학, 복지관, 종교단체, 스피치MC기법, 유머화법, 웃음치료, 펀리더십, 동기부여, 감성소통교육 힐링프로그램, 자기계발, 행복한 노년기, 여성리더십, 흡연예방교육, 성희롱예방교육, 아동학대교육, 자살예방교육, 개인정보교육, 조직활성화교육, 직장예절교육, CS친절서비스교육, 분노관리교육, 직무스트레스관리, 취업마인드, 산업안전교육, SNS마케팅, 교육세미나, 전통놀이, 성공사례, 사상체질을 통한 통한 소통웃음, 도형심리상담

문의 전화: 070-4086-1129 / 010-4142-5811
이메일: alledu-yoon@naver.com / y858600@hanmail.net